# とっさの英語

言えそうで言え

## 基本の即答フレーズ75

デイビッド・セイン

アスコム

ネイティブに

**I won the lottery!**
(宝くじに当たったんだ!)

なんて言われたら、おどろいて思わず

「マジ?」

なんて答えたくなりますよね。

でも、
「マジ?」って
**英語でどう言えばいいのか**
あなたはわかりますか?

「いいね!」
「ウソでしょ?」
「たしかに」
「なるほど」
「へーそうなんだ」
など

日本語では
とっさに口に出てくる言葉なのに、
英語では
どう言えばいいのかわからない……
そんな言葉はありませんか？

ただほんのひとこと
伝えたいだけなのに、
**英語にできなくて、**
**もどかしい思いをしていませんか**？

日本語でもそうですが、
英会話は、沈黙を嫌います。
**何も言わずに黙っていることは
相手に失礼**にあたります。

**会話は言葉のキャッチボール**ですから、
言葉を受け取ったら、
相手にボールをパスするように
反射的にポンッと
返さなくてはいけません。

でも大丈夫。
難しく考える必要はありません。

**使う英語はシンプルでOK。
とにかく相手に返せればいいのです。**

本書では、
日本人がとっさに言いたい、
**ネイティブがよく使う英語を
厳選して75フレーズ紹介**します。

**これらを覚えておけば、
とっさの事態にすぐ対応できる**ので、
英会話の武器となります。

しかも、友人同士のメールや
Twitter、FacebookなどのSNSでの
メッセージ交換にも使えるので、
覚えておくととても便利です。

**さあ、さっそく始めましょう!》**

## ≫この本の使い方

ネイティブが会話でよく使う、英語のあいづちや返答フレーズ。
覚えたはずなのに、いざというときに使えなかった経験はありませんか？
そんな「とっさの」英語力が鍛えられるのが、この本。
「目で確認」「耳で聞く」「使う」の3段トレーニングで
英語瞬発力がアップします！

### STEP 1 目で「とっさの」英語フレーズと使う際のポイントを確認

目で読むことで、スペルや意味を視覚的にインプット。さらに解説を読んで、そのフレーズが持つニュアンスや、正しい使い方をマスターしましょう。

### STEP 2 CDを耳で聞いて、ネイティブの使い方をマスター

各フレーズは、ネイティブが使うシーンを想定した会話形式で紹介されています。CDを聞くことで、実際に会話しているイメージで学習できます。

### STEP 3 繰り返しCDを聞いて、体で英語のリズムを吸収

暗記したはずのフレーズがとっさに使えないのは、覚えたフレーズと会話のリズムが合っていないから。CDを繰り返し聞くことで、体でフレーズを覚えて。

### STEP 4 「とっさに」使えるようになったかCheck Testでチェック

目で理解して、耳で聞いて、体で覚えたフレーズが、シチュエーションやニュアンスを間違えることなく使えるようになったか、Check Testで確認しましょう。

# 「とっさ」に英語がしゃべれるようになる理由は、ココ！

**トラックナンバー**
テキストで紹介するフレーズが、付録CDのどのトラックに収録されているかに対応した番号です。

**使い分けのポイント**
このフレーズが、どんな時に使われるのか、どういう気持ちを表すかを簡単に紹介しています。

---

### Track 01　ちょっと疑いの気持ちを持ちながら「本当?」と聞きたいとき

## » For real?
### マジ?

**♡ 使うときのポイント**

Really? や Are you sure? と似たニュアンスの表現ですが、For real? のほうがよりくだけた言い方です。不信感の度合いが強めで、「本当にホント?」「マジかよ！」のような意味を表します。また、親切な申し出に対して「そんなことをしていただくなんてとんでもない！」「本当にいいんですか！」のようにリアクションをするときにも使われます。その場合は、Are you for real!? の形で用いられることが多いです。

**◉ 使い方**　こう言われたらこのフレーズで返します。

1. Sam has 11 sisters.
   サムには11人の姉妹がいます。　» For real?
2. I've never eaten sushi.
   寿司を食べたことがないんだ。　» For real?
3. The project deadline was moved to this Monday.
   プロジェクトの締め切りが今週月曜日に変更されました。　» For real?
4. This computer only cost me 100 dollars.
   このパソコン、たった100ドルだったんだ。　» For real?
5. Here, you can drive my car.
   どうぞ、僕の車を運転していいよ。　» For real?
6. We're all out of toilet paper.
   トイレットペーパーを完全に切らしています。　» For real?
7. Somebody is selling your stolen bike online.
   盗まれた君のバイクを誰かがオンラインで転売しているよ。　» For real?

14

---

**とっさのフレーズ**
同じYesでもノリノリか嫌々かなど、微妙にニュアンスの違う英文を章ごとにまとめました。それぞれのフレーズは、付録のCDで発音やイントネーションもチェックできます。

**使うときのポイント**
実際に会話で使う時に気を付けたい注意点や、正しい意味が覚えやすくなる豆知識を掲載しています。

**使い方**
掲載フレーズを使ったさまざまなシーンを、ネイティブが会話形式で紹介。付録CDにネイティブによる会話例が収録されているので、発音からリズムまで丸ごと習得して、ぜひ実践に役立ててください。

07

# contents

はじめに ……………………………………… 02
この本の使い方 …………………………… 06
CDの内容と使い方 ………………………… 12

## REALLY!?
01 » For real?（マジ?）……………………… 14
02 » Seriously?（本気で言っているの?）……… 15
03 » I'm speechless!（言葉も出ないわ!）…… 16
04 » That's incredible!（それはすごい!）…… 17
05 » You got to be kidding.
　　（うそでしょ?／マジで!?／勘弁して。）…… 18
06 » Give me a break!
　　（冗談じゃないよ!／いい加減にしろよ!）…… 19
07 » That was close!（危ないところだった!）… 20
08 » Oh, no!（ええ!／まずい!／大変だ!）…… 21
09 » Is that true?（それは本当なの?）……… 22

## WHAT!?
10 » What happened?（どうしたの?）……… 24
11 » What about?（何について?）…………… 25
12 » What is it?（何ですか?）………………… 26
13 » Now what?（今度は何?／さて、どうしようか?）… 27
14 » So what?（だから何?）…………………… 28
15 » Say what?（何だって?）………………… 29
16 » I'm sorry?（何だって?）………………… 30

## I SEE.

**17** » Oh, that's nice.（へー、そうなんだ。）……………… 32
**18** » Yeah, I know.（ええ、そうですね。）……………… 33
**19** » I know what you mean.
　　（言ってること、わかりますよ。）……………… 34
**20** » That's too bad.（それは残念ですね／お気の毒に。）…… 35
**21** » I knew it.（思った通りだ／私は知ってたよ。）……… 36
**22** » I'm glad to hear that.（それは良かった。）………… 37
**23** » Big deal.（たいしたことないよ。）……………… 38
**24** » It happens.（よくあることさ。）……………… 39
**25** » That makes sense.（なるほど／それは納得です。）…… 40

## GOOD.

**26** » Not bad.（悪くないよ／元気だよ。）……………… 42
**27** » That's great!（それはいいね！）……………… 43
**28** » So far, so good.（今のところ順調です。）………… 44
**29** » That's good to know.（それは良かった。）………… 45
**30** » Sounds like a plan.（いいね。）……………… 46
**31** » Good point.（確かに。）……………… 47
**32** » That's neat.（いいね。）……………… 48
**33** » Nice one!（いいね!／良かったね!）……………… 49
**34** » Way to go!（やったね!／すごいね!）……………… 50

## NOT (VERY) GOOD.

35 » Not very good.（いまひとつだよ。）……………… 52
36 » Don't ask.
（知らないほうがいいよ／思い出したくもない。）……… 53
37 » It was terrible.（ひどかったよ。）……………… 54
38 » I'm afraid so.（残念ながらね。）………………… 55
39 » How disgusting!（気持ち悪い!）………………… 56
40 » Poor thing.（かわいそうに。）…………………… 57
41 » That sucks.（最悪じゃん。）……………………… 58
42 » That's unfortunate.（残念です／それはお気の毒に。）…… 59
43 » Just my luck.（やれやれ、ついてないな。）……… 60

## YES.

44 » Okay, sure.（いいですよ。）……………………… 62
45 » Yes, that's right.（ええ、そうですよ。）……… 63
46 » Be my guest.（どうぞご自由に。）……………… 64
47 » Sounds good to me.（それはいいね。）………… 65
48 » I swear.（絶対だよ／本当だよ／約束するよ。）……… 66
49 » No sweat.（お安い御用です。）…………………… 67
50 » That's for sure.（本当にそうだね。）…………… 68
51 » That's what I heard.（私はそう聞いてます。）……… 69
52 » You bet.（ええ、もちろん／どういたしまして。）……… 70
53 » Go ahead.（どうぞ。）…………………………… 71
54 » Of course!（もちろん!）………………………… 72

## NO.

55 » Not really.（そうでもないけど。）……………… 74
56 » Actually, I don't.
（実は〜ないんです／実はそうでもないです。）……… 75

**57** » No, I'm okay.（ううん、私は結構です。）……………… 76
**58** » That's not likely.（それはないよ／それは嫌だな。）…… 77
**59** » Thanks, but no thanks.
（ありがとう、でも結構です。）………………………… 78
**60** » I guess not.（無理でしょうね／違うでしょうね。）…… 79
**61** » I'm afraid not.
（そうは思いません／できないと思います。）………… 80
**62** » When pigs fly.（絶対にないよ。）……………………… 81
**63** » Don't look at me.（私のせいじゃないよ。）…………… 82
**64** » Not quite.（もうちょっと。）………………………… 83
**65** » I wouldn't.（私だったらしないな。）………………… 84

## MAYBE.

**66** » Maybe.（微妙だね／そうかもね。）…………………… 86
**67** » I guess.（たぶんね／まあ、そうだね。）……………… 87
**68** » Maybe yes, maybe no.（どっちかわからないな。）… 88
**69** » Could be.（そうかもね。）…………………………… 89
**70** » I'll see what I can do.（できることをやってみます。）… 90
**71** » You never know.
（さてどうかな／どうなるかなんてわからないよ。）……… 91
**72** » It's hard to say.（さあ、何て言ったらいいのか。）…… 92
**73** » Hopefully.（そうだといいんだけど。）……………… 93
**74** » Let's hope not.（そうではないことを祈りましょう。）…… 94
**75** » It's up to you.（あなたに任せるよ／あなた次第だよ。）… 95

Check Test ……………………………………………………… 96
memo ……………………………………………………………… 110

## ≫ CDの内容と使い方

### ネイティブみたいな「あのひとこと」がスラスラ出る感動を!

本書で紹介する「ネイティブが微妙なニュアンスで使い分けている、あのフレーズ」の、気持ちが伝わるイントネーションが確認できるのがこの付録CD。さまざまなシチュエーションでの会話を収録しているので、自然なリズムで「あのフレーズ」を自分のものにできます。CDを繰り返し聞くことで「ながら留学」が可能になるので、移動中はもちろん、もっとズボラに「寝ながら」でもネイティブと会話して。リスニングはもちろん、英語瞬発力も向上するはずです。

75の「とっさのひとこと」フレーズを使った、英会話を525例収録!

ネイティブ同士がリアルに会話しているやりとりを聞いて使い方をマスターしましょう。

※本書のCDは、CDプレーヤーでご使用ください
（パソコンで使用すると、不具合が生じる場合があります）。

# REALLY!?
## (本当!?)
### の気持ちを伝える
### とっさのひと言9フレーズ

日本語でも「本当?」と聞き返すときのニュアンスはさまざま。
そんな微妙な違いをネイティブはフレーズで使い分けています。
驚いたときの「本当!?」や、相手の話が
信じられないときの「本当〜?」のほか、
「冗談でしょ!」「ウソでしょ!?」「うわあマジかー」など、
いろいろな気持ちを表す「Really!?」をご紹介します。

**Track 01** ちょっと疑いの気持ちを持ちながら「本当?」と聞きたいとき

# » For real?
## マジ?

### ♥ 使うときのポイント

Really? や Are you sure? と似たニュアンスの表現ですが、For real? のほうがよりくだけた言い方です。不信感の度合いが強めで、「本当にホント?」「マジかよ!」のような意味を表します。また、親切な申し出に対して「そんなことをしていただくなんてとんでもない!」「本当にいいんですか!」のようにリアクションをするときにも使われます。その場合は、Are you for real!? の形で用いられることが多いです。

### ● 使い方　こう言われたらこのフレーズで返します。

**1** Sam has 11 sisters.
サムには11人の姉妹がいます。　　　　　　　　　　» For real?

**2** I've never eaten sushi.
寿司を食べたことがないんだ。　　　　　　　　　　» For real?

**3** The project deadline was moved to this Monday.
プロジェクトの締め切りが今週月曜日に変更されました。
　　　　　　　　　　　　　　　　　　　　　　　　» For real?

**4** This computer only cost me 100 dollars.
このパソコン、たったの100ドルだったんだ。　　　　» For real?

**5** Here, you can drive my car.
どうぞ、僕の車を運転していいよ。　　　　　　　　» For real?

**6** We're all out of toilet paper.
トイレットペーパーを完全に切らしています。　　　» For real?

**7** Somebody is selling your stolen bike online.
盗まれた君のバイクを誰かがオンラインで転売しているよ。
　　　　　　　　　　　　　　　　　　　　　　　　» For real?

**Track 02** 冗談に思えて「本当？」と聞きたいとき

# » Seriously?
### 本気で言っているの？

REALLY!?

## ❤ 使うときのポイント

相手の発言に対して、疑問や驚きを表す際に用いる表現です。日本語の「マジで?」「冗談でしょ?」に近いニュアンスです。Really? や Are you serious? もほぼ同じ意味を表します。思いっきり上昇調で発音して、驚きを表現しましょう。もしこのように確認を求められたら、「本当だってば」「間違いないよ」という意味の I'm positive. や I'm serious. などと答えましょう。

## ◉ 使い方　こう言われたらこのフレーズで返します。

**❶ I'm going to move to Alaska.**
アラスカに引っ越すつもりなんだ。　　» **Seriously?**

**❷ We're going to have to check out at 4:30 tomorrow morning.**
明日朝、4時半にチェックアウトします。　　» **Seriously?**

**❸ This building is over a thousand-years old.**
この建物は千年以上も前に建てられたものなんだってさ。　　» **Seriously?**

**❹ These shoes are on sale. They're 90 percent off.**
こちらの靴はセール中です。9割引きになっております。　　» **Seriously?**

**❺ There's a festival tomorrow so all the roads will be closed.**
明日は祭りのため、すべての道路が通行止めになる予定です。　　» **Seriously?**

**❻ My aunt is the governor of California.**
僕の伯母はカリフォルニアの州知事です。　　» **Seriously?**

**❼ I saw a UFO last night.**
昨日の晩UFOを見たんだ。　　» **Seriously?**

15

# Track 03

「!!!（びっくり）」という心の声を届けたいとき

## » I'm speechless!
### 言葉も出ないわ！

### ♥ 使うときのポイント

「あまりのショックで何も言えない」という状況を「言葉で説明している」という皮肉はさておき、かなり程度の大きい驚きを表すときに用いられる返答です。あきれて開いた口がふさがらないときや、込み上げてくる怒りでものが言えないとき、さらにネイティブは、どうリアクションしていいのか困るようなニュースや報告に対して、とりあえず場をつなぐためのひとこととして使ったりもします。

### ● 使い方　こう言われたらこのフレーズで返します。

**① Congratulations! You won a trip to Hawaii!**
おめでとうございます！ハワイ旅行が当選しましたよ！
　　» I'm speechless!

**② You did it! You won the game!**
やったね！試合に勝ったね！
　　» I'm speechless!

**③ You can have it! This new car is yours!**
持って行って！この新車は君のものだよ！
　　» I'm speechless!

**④ We're going to Florida for your birthday!**
君の誕生日には一緒にフロリダへ行くんだよ！
　　» I'm speechless!

**⑤ Someone broke into our house and took everything.**
誰かがわが家に侵入して、すべて盗んでいったんだ。
　　» I'm speechless!

**⑥ Sam was caught driving drunk.**
サムが飲酒運転で捕まったよ。
　　» I'm speechless!

**⑦ Sally said that you stole her money.**
サリーが君が彼女のお金を盗んだと言っていたよ。
　　» I'm speechless!

**Track 04**

せん望のまなざしで「すごい！」と言いたいとき

# That's incredible!

それはすごい！

## 💛 使うときのポイント

incredible は「信じられない」「驚くべき」という意味で、That's incredible. で「すごい！」という話し手の感想を表す表現です。unbelievable（信じられない）にも近い意味があるので、何か本当にすごい行いや事実に対して使わないと、相手を小ばかにしているようにとらえられてしまう可能性もあるので気をつけましょう。That's amazing. もほぼ同じ意味です。「すごい！」を意味する表現のバリエーションとしてThat's great! などと併せて押さえておきましょう。

## ⏺ 使い方　こう言われたらこのフレーズで返します。

**1** I wrote a 350 page report.
350ページのレポートを書き上げたよ。
》**That's incredible!**

**2** This suit was only 10 dollars.
このスーツはたったの10ドルだったんだ。
》**That's incredible!**

**3** I went to 15 countries on my trip.
僕は旅で15カ国周りました。
》**That's incredible!**

**4** Sally said she bought a 1,500 dollar camera.
サリーが1,500ドルのカメラを買ったと言ってたよ。
》**That's incredible!**

**5** I made this scarf myself.
自分でこのマフラーを編みました。
》**That's incredible!**

**6** My little brother has a black belt.
僕の弟は（空手の）黒帯です。
》**That's incredible!**

**7** This medicine will make you feel better in only a few seconds.
この薬であっという間に気分がよくなりますよ。
》**That's incredible!**

# Track 05 信じたくない悪いニュースを「本当?」と確認したいとき

## You got to be kidding.

ウソでしょ？／マジで!?／勘弁して。

### 💗 使うときのポイント

kidは「からかう」「だます」という意味の動詞です。このフレーズは「冗談でしょ？」という疑いと驚きを表しますが、同時に反感やいら立ち、腹立たしさといったニュアンスも伴う表現です。つまり、多くの場合、話し手にとって不利益だったり、うれしくないニュースを聞いたときに用いられます。類似表現に Are you kidding? や No kidding! がありますが、You got to be kidding. よりも、イライラの度合いは低いと言えます。

### ⊙ 使い方　こう言われたらこのフレーズで返します。

**❶ You got a parking ticket.**
君、駐車違反の切符を切られているよ。
» You got to be kidding.

**❷ The toilet is broken. Sorry.**
このトイレは故障しています。申し訳ありません。
» You got to be kidding.

**❸ It looks like there's no more coffee left.**
もうコーヒーは残ってないみたいだよ。
» You got to be kidding.

**❹ We have to leave at 3:30 in the morning.**
朝の3時半には出発しないといけません。
» You got to be kidding.

**❺ The price is going up by 30 percent from tomorrow.**
明日には3割値上げされます。
» You got to be kidding.

**❻ Someone broke into my house.**
空き巣に入られたんだ。
» You got to be kidding.

**❼ I just lost all my money.**
たった今、全財産を失ったよ。
» You got to be kidding.

**Track 06** あまりのことに「もう聞きたくない」と言いたいとき

# ≫ Give me a break!
### 冗談じゃないよ！／いい加減にしろよ！

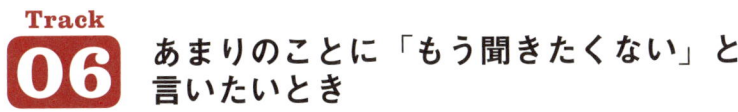

## ♥ 使うときのポイント

「休みをくれ」というのが直訳ですが、「いい加減にしろよ」「冗談も休み休み言え」という意味で使われています。かなりくだけた表現で、相手のウソや悪ふざけ、または同じ話を繰り返するなどのしつこいと感じるような行為に対して、「うんざり」というネガティブな感情をぶつけるひとことです。また、トラブルが起こったときなどに使えば、「勘弁してよ！」「ウソだろ！」というら立ちを表すフレーズになります。

## ⊙ 使い方　こう言われたらこのフレーズで返します。

**① Can I leave early today?**
今日、早退してもいいですか？
　　　　　　　　　　　　　　≫ **Give me a break!**

**② This credit card is not working.**
このクレジットカードは使えません。
　　　　　　　　　　　　　　≫ **Give me a break!**

**③ I forgot to go to the ATM again, so can I pay you back later?**
またATMに行くの忘れちゃった、立て替えてもらえる？
　　　　　　　　　　　　　　≫ **Give me a break!**

**④ I want a new cell phone!**
新しい携帯電話が欲しいなあ。
　　　　　　　　　　　　　　≫ **Give me a break!**

**⑤ Sally lost your jacket.**
サリーが君のジャケットを失くしてしまいました。
　　　　　　　　　　　　　　≫ **Give me a break!**

**⑥ I'm going to be famous someday.**
僕はいつか有名になるんだ。
　　　　　　　　　　　　　　≫ **Give me a break!**

**⑦ My dog ate my homework, I swear!**
うちの犬が宿題を食べちゃったんだ、本当だよ！
　　　　　　　　　　　　　　≫ **Give me a break!**

# Track 07

間一髪！な出来事に
驚きの気持ちを伝えたいとき

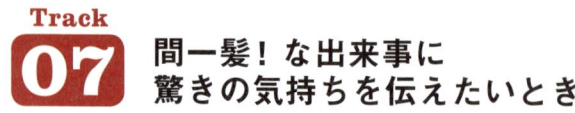

## That was close!
危ないところだった！

REALLY!?

### ❤ 使うときのポイント

That was a close one! とも言います。「それは近かったね」ではなく、これは主に2つの意味を持つ表現です。1つ目は、「危なかったね」。何かしらの不幸やアクシデントをかろうじて免れたときに、ほっと胸をなでおろしながら使います。もう1つは、「惜しかったね」というリアクションです。たとえば、クイズを出された相手の答えが近いけど間違っているときにはこう言って慰めてあげましょう。

### ● 使い方　こう言われたらこのフレーズで返します。

**❶ We almost hit that car.**
もうちょっとであの車にぶつかるところだった。　» That was close!

**❷ Sally almost fell into the pond.**
サリーはもう少しで池に落ちるところだったんだ。　» That was close!

**❸ I almost locked my keys in the car.**
もう少しで車の中にカギを置いたままロックするところだった。　» That was close!

**❹ Don't forget your wallet!**
財布を持つのを忘れないで！　» That was close!

**❺ Sam nearly missed the last train.**
サムはもう少しで最終電車を逃すところだった。　» That was close!

**❻ I forgot the tickets! Oh, wait! Here they are.**
チケット忘れた！あ、待って！見つけた。　» That was close!

**❼ Watch out! That dog is about to bite you.**
気を付けて！その犬、もうすぐ噛みつくよ。　» That was close!

**Track 08** 悪いニュースを聞いて驚き
「ウソでしょ!?」と言いたいとき

# » Oh, no!

ええ！／まずい！／大変だ！

## ♡ 使うときのポイント

「うわあ」「ウソでしょ?」「まさか」「あらら」などなど、いろいろなニュアンスの驚きを表すことのできるひとことです。災難が身に降りかかったときなどはもちろん、相手に対する同情を示すときにもよく使われます。「良いニュース」に対しては使われないので、「喜び」を表現することもある Oh, my god! とはその点で異なります。また、Oh, no! I totally forgot about that!（しまった！ そのことすっかり忘れてた！）のように、ひとり言として使われることもあります。

## ◉ 使い方　こう言われたらこのフレーズで返します。

**❶ It's going to rain all day tomorrow.**
明日は1日中雨になるでしょう。
» **Oh, no!**

**❷ Sam has a bad cold. He can't come today.**
サムはひどい風邪を引いていて、今日は来られません。
» **Oh, no!**

**❸ This clock isn't working! We're an hour late!**
時計が壊れているよ！ 1時間の遅刻だ！
» **Oh, no!**

**❹ My computer broke, and I lost all the data.**
パソコンが壊れて、すべてのデータを失いました。
» **Oh, no!**

**❺ I have some bad news. Our flight has been canceled.**
悪いお知らせです。僕たちの便は欠航になりました。
» **Oh, no!**

**❻ I can't find my passport anywhere!**
僕のパスポートがどこにもないんです！
» **Oh, no!**

**❼ My friend worked at a bank, but he got fired.**
友人は銀行に勤めていたのですが、クビになりました。
» **Oh, no!**

# Track 09 真偽を確かめたくて「本当？」と聞きたいとき

## » Is that true?
### それは本当なの？

REALLY!?

### 💗 使うときのポイント

何かしらの情報を得たときに、その真偽を確かめる意味で使われます。「へえ、そうなんだ」という感じではなく、「本当なの?」あるいは「確かなの?」というニュアンスになります。ただし、「耳を疑うニュース」に対して、本気で疑っているわけではないものの、驚きとショックを含むニュアンスでも頻繁に用いられます。Are you sure?(本当なの?) とほぼ同じ意味を表します。

### ⊙ 使い方　こう言われたらこのフレーズで返します。

❶ **My cellphone bill was over 20,000 yen!**
携帯電話代が2万円を超えてしまったんだ！
　　　　　　　　　　　　　　　　　　　» Is that true?

❷ **Sam and Sally had a big fight.**
サムとサリーが大ゲンカしたんだ。　　» Is that true?

❸ **I got into Harvard!**
ハーバード(大学)に合格したよ！　　　» Is that true?

❹ **Giraffes only sleep for about 20 minutes a day.**
キリンは1日に20分ほどしか眠らないんですよ。
　　　　　　　　　　　　　　　　　　　» Is that true?

❺ **There's going to be a big typhoon tomorrow.**
明日は大型の台風が来るらしいよ。
　　　　　　　　　　　　　　　　　　　» Is that true?

❻ **I have an extra ticket to the concert.**
そのコンサートのチケットなら余っているよ。　» Is that true?

❼ **I saw your brother at Narita Airport.**
成田空港で君の弟(兄)を見かけたよ。　» Is that true?

> **WHAT!?**
> (何だって!?)
> の気持ちを伝える
> とっさのひと言7フレーズ

もっと詳しく話を聞きたいときの「で？ 何?」と、
興味がない話に対する「だから何?」のように、
WHAT!?もニュアンスが違うだけで、
全然逆の気持ちが伝わってしまう要注意フレーズ。
ちょっとフォーマルな「何ですか?」や、
相手の発言が聞き捨てならなくて「は？ 何?」と返すときの
「何?」などもマスターしましょう。

## Track 10 何があったのか、どうしてそうなったのか聞きたいとき

# » What happened?
## どうしたの？

### ♡ 使うときのポイント

主に2つの状況のときに、「何があったの？」と相手に問いかけるひとこと。1つは、何か気になる発言を聞いたときに「どうしてそうなったの？」と相手に迫るような雰囲気で使われます。もう1つは、誰かが泣いていたり、手に包帯を巻いているなど、行動や容姿の様子がいつもと違っていることを発見したときに、「どうしたの？」と気づかう意味も含めて用いられます。

### ◉ 使い方 こう言われたらこのフレーズで返します。

**❶ I'm so angry!**
本当に腹が立つ！
» **What happened?**

**❷ I missed the plane by three minutes.**
3分遅れで飛行機に乗れなかった。
» **What happened?**

**❸ My arm really hurts.**
腕がひどく痛むんだ。
» **What happened?**

**❹ I had to take my brother to the hospital.**
僕の弟(兄)を病院に連れていかなければならなかったんだ。
» **What happened?**

**❺ My cell phone broke.**
僕の携帯電話が壊れてしまった。
» **What happened?**

**❻ I couldn't finish my exam.**
試験を時間内に終えることができなかった。
» **What happened?**

**❼ Sam and Sally broke up last night.**
昨日の夜に、サムとサリーは別れたんだよ。
» **What happened?**

もっともっと詳しく話を聞きたいときに

# What about?
何について？

## 💗 使うときのポイント

About what? も同じ意味で使われますが、「どっちだっけ?」と迷う必要はありません。ただし、What about? のほうがよりカジュアルな言い回しだと感じるネイティブが多いようです。「何についての○○なの?」という意味で、○○に入る事柄について、より詳しい説明を求めるときの表現になります。ちなみに、What for? と For what? もほぼ同じ意味で、「何のために?」⇒Why? という意味を表します。

## ◉ 使い方　こう言われたらこのフレーズで返します。

**❶ I read a really interesting book.**
すごくおもしろい本を読んだんだ。
»**What about?**

**❷ I think we need to write a report.**
報告書を書かないといけないと思うよ。
»**What about?**

**❸ We're going to have a meeting this afternoon.**
今日の午後、ミーティングを行います。
»**What about?**

**❹ I watched a sad show last night.**
昨日の夜、すごく悲しい番組を見たんだ。
»**What about?**

**❺ I was interviewed for the newspaper.**
新聞記事のインタビューを受けたよ。
»**What about?**

**❻ I had a really strange dream last night.**
昨日の夜、すごく変な夢を見たんだ。
»**What about?**

**❼ I heard Sam is writing a novel.**
サムが小説を書いているらしいよ。
»**What about?**

# Track 12 ちょっとフォーマルに「何ですか?」と聞きたいとき

## » What is it?
### 何ですか?

### ❤ 使うときのポイント

直訳の通り「何ですか?」という意味で、When is it?(いつですか?)やHow is it?(どうですか?)と並ぶシンプルな問いです。単に What?(何?)と言うよりも丁寧なニュアンスになります。会社の上司など目上の人に対する言葉づかいとしては What is it? のほうが好まれるでしょう。What is that? は What's that? と短くできますが、What's it? とは言いません。ちなみに What's that? は、「今何て言ったの?」という意味でも使われます。

### ◉ 使い方　こう言われたらこのフレーズで返します。

❶ **Come check this out!**
ちょっと来てこれを見てよ!
　　　　　　　　　　　　　　　　　　» What is it?

❷ **Could I ask you a favor?**
お願いがあるんだけど。
　　　　　　　　　　　　　　　　　　» What is it?

❸ **I need to tell you something.**
ちょっと話があるんだ。
　　　　　　　　　　　　　　　　　　» What is it?

❹ **Do you want to try some of this?**
これ、ちょっと食べてみる?
　　　　　　　　　　　　　　　　　　» What is it?

❺ **I'm sorry, but I've got some bad news for you.**
残念だけど、君に悪いニュースがあるんだ。
　　　　　　　　　　　　　　　　　　» What is it?

❻ **I want to show you something special.**
君に特別なものを見せてあげるよ。
　　　　　　　　　　　　　　　　　　» What is it?

❼ **Sam gave me something to pass to you.**
あるものを君に渡すようにサムに頼まれたんだ。
　　　　　　　　　　　　　　　　　　» What is it?

# Track 13

もういい加減にしてほしくて「今度は何？」と言いたいとき

## » Now what?
### 今度は何？／さて、どうしようか？

### ♡ 使うときのポイント

頼まれごとをされることが続いたので、「ねえ、お願いがあるんだけど……」という言葉を聞いた瞬間、思わず「今度は何？」と口に出てしまった。あるいは、電話やメールに対しても同じようにイライラして、こうつぶやいてしまうこともあるでしょう。さらに Now what? は、「いら立ち」を表現する以外にも、事態が新局面を迎えたり、一段落したときに、自身や周りの人に「さて、どうしよう？」と問いかける意味でも使われます。

### ● 使い方　こう言われたらこのフレーズで返します。

❶ **Hey, I need you!**
ねえ、手伝ってよ！
» **Now what?**

❷ **Sorry, I need your help.**
すみません、手を貸してほしいのですが。
» **Now what?**

❸ **Sorry to keep calling you.**
何回も電話をしてごめんなさい。
» **Now what?**

❹ **Your phone is ringing again!**
また君の電話が鳴っているよ！
» **Now what?**

❺ **Can I ask you one more question?**
もう1つ質問してもいい？
» **Now what?**

❻ **Somebody's at the door again!**
また誰かが訪ねてきたよ！
» **Now what?**

❼ **There was a problem at the office.**
オフィスで問題が発生しました。
» **Now what?**

**Track 14** 興味がなくて「だから何？」と突き放して言いたいとき

# » So what?
## だから何？

### ♥ 使うときのポイント

「だから何？」という意味のこの表現は、冷たく突き放すようなニュアンスがあるので、使う場面と相手には十分に注意する必要があります。相手の発言に対し「1ミリも関心がない」、あるいは「どうしてそんなことを私に言うのかわけがわからない」ということをわからせるフレーズなので、本当に相手の話に興味があり、「それでどうなったの？」と結論を促したいときに誤って使わないようにしてください。「それでどうなったの？」はSo what happened? やAnd then? です。

### ● 使い方　こう言われたらこのフレーズで返します。

**1** Sam thinks you don't like him.
サムは君が彼のことを嫌いだと思っているよ。　　» So what?

**2** I think Sam heard what we said.
僕たちの話、サムに聞かれたんじゃないかな。　　» So what?

**3** Oh, it's going to rain tomorrow.
そうそう、明日は雨だよ。　　» So what?

**4** I met a popular singer.
人気歌手に会ったんだ。　　» So what?

**5** The store didn't have any green tea.
あの店の緑茶は売り切れでした。　　» So what?

**6** I made a huge mistake on my test.
テストで大変な間違いをしてしまったんだ。　　» So what?

**7** There aren't any good restaurants near my house.
うちの近所にはいいレストランが1軒もありません。　　» So what?

# Track 15
聞き捨てならないセリフに対して「何？」と聞き返したいとき

## » Say what?
何だって？

### 💗 使うときのポイント

What did you say?（今何て言ったの？）を簡略化したのが、このSay what? です。決してSaid what? とは言いません。相手の言葉が聞き取れなかったときに使うこともなくはありませんが、ほとんどの場合、聞き捨てならないといった感じで「何だって？」と、相手の発言に対して驚きや不快感を表すニュアンスになります。What? 1語も同じ意味でよく使われます。P.28のSo what? とは逆に、上昇調のイントネーションで発音しましょう。

### 🔴 使い方　こう言われたらこのフレーズで返します。

**❶ I think we missed our stop.**
乗り過ごしてしまったみたいだ。
» Say what?

**❷ I've never eaten a hamburger.**
ハンバーガーを一度も食べたことないんだ。
» Say what?

**❸ I don't like chocolate.**
チョコレートは嫌いです。
» Say what?

**❹ Sam can speak eight languages.**
サムは8カ国語話せるんだ。
» Say what?

**❺ Sally met the President.**
サリーは大統領に会ったんだ。
» Say what?

**❻ My uncle weighs over 100 kilos.**
叔父は体重が100キロ以上あるんです。
» Say what?

**❼ Peter Piper picked a peck of pickled peppers.**
＊早口言葉＊ピーター・パイパーは1ペック（約9リットル）の酢漬けの唐辛子をつまんだ。
» Say what?

**Track 16** 相手の言ったことがよく聞き取れず もう一度言ってもらいたいとき

WHAT!?

## » I'm sorry?
何だって？

### 💗 使うときのポイント

もちろん下降調のイントネーションでI'm sorry. というと、「ごめんなさい」という意味ですが、疑問文のように語尾を上げて言うと、I'm sorry. What did you say?(ごめん、何て言った?)の意味で使うことができます。これをさらに簡略化したSorry? 1語のバージョンもよく使われます。類似表現にはCome again? や、よりフォーマルで丁寧な響きのあるPardon? があります。

### ⊙ 使い方　こう言われたらこのフレーズで返します。

**❶ I borrowed 10,000 yen from your wallet.**
君の財布から1万円借りたよ。
　　» **I'm sorry?**

**❷ I think I broke your DVD player.**
君のDVDプレーヤーを壊してしまったみたいだ。
　　» **I'm sorry?**

**❸ I don't think we can be friends anymore.**
もう君と友達でいることはできないと思う。
　　» **I'm sorry?**

**❹ The website says they're making a 2nd movie!**
映画の続編を製作中ってウェブサイトに書いてあったよ！
　　» **I'm sorry?**

**❺ Your favorite TV series is being canceled.**
君が好きなテレビ番組は打ち切りになるよ。
　　» **I'm sorry?**

**❻ I've never lied to anyone.**
僕は人にウソをついたことは一度もないんだ。
　　» **I'm sorry?**

**❼ We don't have running water.**
うちは水道が通っていないんだ。
　　» **I'm sorry?**

# I SEE.
## （そうなんだ。）
### の気持ちを伝える
### とっさのひと言9フレーズ

日本語の「うんうん」の感覚で、
相づちに I SEE. ばかり使っていませんか?
この「うんうん」も、ネイティブは興味がない話に
適当に返事をする相づち、相手に共感したときの相づち、
不幸な話を聞いて「かわいそうに」と慰めたいときの
相づちなど、伝えたい気持ちごとに違う表現を使っています。
シチュエーションごとに相づちフレーズが
使い分けられるようになったら、英語上級者!

## 興味がない話に適当に相づちを打ちたいとき

# » Oh, that's nice.
へー、そうなんだ。

### 💟 使うときのポイント

「ああ、それはいいですね」というのは、字面通りならほめ言葉に思える表現ですが、実はちょっと違います。たいていは「興味がないときの適当な相づち」や「皮肉」とも受け取られてしまう表現なのです。心から「いいね!」と思っていることを伝えたければ、相手の目を見て、感情を十分に込めた言い方で言いましょう。すぐ後に質問を続けるなどすればベストです。もっとわかりやすく称賛したければ、Oh, that's fantastic! や Oh, that's great! などを使いましょう。

### ⦿ 使い方　こう言われたらこのフレーズで返します。

❶ **He's rich.**
彼はお金持ちなんだ。　　　　　　　　　　　» **Oh, that's nice.**

❷ **Sally can hold her breath for two minutes.**
サリーは2分間も息を止めることができます。
　　　　　　　　　　　　　　　　　　　　　» **Oh, that's nice.**

❸ **Roses are my favorite flower.**
バラは僕の好きな花です。　　　　　　　　　» **Oh, that's nice.**

❹ **I've taken up knitting as a hobby.**
趣味で編み物を始めたんです。　　　　　　　» **Oh, that's nice.**

❺ **Sam is really good at the guitar.**
サムは本当にギターがうまいんだ。　　　　　» **Oh, that's nice.**

❻ **I made this chair by myself.**
このイス、自分で作ったんだ。　　　　　　　» **Oh, that's nice.**

❼ **I finally found my socks.**
やっと靴下が見つかったよ。　　　　　　　　» **Oh, that's nice.**

# Track 18

「そうだよね」と共感して相づちを打ちたいとき

## » Yeah, I know.
ええ、そうですね。

### ♡ 使うときのポイント

Yeah で「同意」や「同情」の気持ちを示した上で、さらに I know.「わかる」と続けています。「そうだよね」という共感の気持ちを伝えるひとことですが、イライラしている感じで言うと「言われなくてもわかっています」というニュアンスにもなります。これは、I know. だけで使うときにも当てはまります。特に I know, I know. と早口で繰り返すとイライラしている感じが強まり、know にアクセントを置くと、「まったくそうだよね」というニュアンスになります。

### ⦿ 使い方　こう言われたらこのフレーズで返します。

❶ **Sam is such a nice friend!**
サムはとってもすてきな友達だよ！
» **Yeah, I know.**

❷ **I didn't mean to hurt you.**
君を傷つけるつもりはなかったんだ。
» **Yeah, I know.**

❸ **Wash your hands before dinner.**
夕食の前に手を洗いなさい。
» **Yeah, I know.**

❹ **Four-leaf clovers are lucky.**
四つ葉のクローバーは幸運の印だよ。
» **Yeah, I know.**

❺ **His story is pretty hard to believe.**
彼の話は信じがたいよ。
» **Yeah, I know.**

❻ **I didn't expect to see you at the party.**
パーティであなたにお会いするとは思いませんでした。
» **Yeah, I know.**

❼ **This restaurant is always busy!**
このレストランっていつも混んでるね！
» **Yeah, I know.**

**Track 19** 私にはわかるとアピールしながら相づちを打ちたいとき

# » I know what you mean.
## 言ってること、わかりますよ。

### ❤ 使うときのポイント

「あなたが意味していることをわかっています」。つまり、「あなたの言っていること、よくわかりますよ」という意味の表現です。相手の立場になり、同情を寄せていることがよく伝わる言葉です。共感や同情を表すフレーズには、ほかにも I know (exactly) how you feel. や I know the feeling. などがあります。逆に「あなたの言っていることがよくわからないのですが」なら、I'm not sure what you mean. などと言います。

### ◉ 使い方　こう言われたらこのフレーズで返します。

**❶ I'm so sick of this.**
これには本当にうんざりだ。
» I know what you mean.

**❷ I'm getting kind of hungry.**
何だかお腹がすいてきたな。
» I know what you mean.

**❸ Sometimes you just need a good cry.**
たまには思い切り泣くといいよ。
» I know what you mean.

**❹ I did my best, but I still lost.**
ベストを尽くしたのに、負けたんだ。
» I know what you mean.

**❺ Honestly, sometimes I just feel like giving up.**
正直言って、ときどき放り出したくなるよ。
» I know what you mean.

**❻ I can't concentrate when it's too noisy.**
うるさすぎると集中できません。
» I know what you mean.

**❼ I want to eat pizza.**
ピザが食べたいなあ。
» I know what you mean.

**Track 20** 相手の不幸に「それは残念」と思って相づちを打ちたいとき

# » That's too bad.
### それは残念ですね／お気の毒に。

## 💟 使うときのポイント

相手の不幸な状況に対して同情の気持ちを示すときに使います。That'sを省略したToo bad. もよく使われます。意味の非常に近いP.59の That's unfortunate.とP.58の That sucks. と比べると、フォーマルの度合いは高いほうから順に That's unfortunate. > That's too bad. > That sucks.となります。さらに言うと、That's a shame.という言い方もあり、こちらは That's too bad. より上品な印象の表現になります。

## ◉ 使い方　こう言われたらこのフレーズで返します。

**❶ I feel lonely.**
孤独を感じるんだ。
» **That's too bad.**

**❷ Sally lost an earring.**
サリーがイヤリングを1つ失くしてしまったんだ。
» **That's too bad.**

**❸ I got a really bad score.**
とても悪い点数を取ってしまったんだ。
» **That's too bad.**

**❹ Ouch! I just bit my cheek.**
痛い！ 口の中を噛んじゃった。
» **That's too bad.**

**❺ I forgot my coat at the restaurant!**
レストランにコートを忘れちゃった！
» **That's too bad.**

**❻ I'm so sleepy!**
ものすごく眠い！
» **That's too bad.**

**❼ The bakery didn't have any fresh bread.**
パン屋にできたてのパンがなかったよ。
» **That's too bad.**

**Track 21** 「予想的中！」とちょっと誇らしげに相づちを打ちたいとき

# » I knew it.

### 思った通りだ／私は知ってたよ。

#### 💗 使うときのポイント

直訳は「私はそれを知っていた」ですが、実際は「～だろう」「～かもしれない」と予想していたことが正しいとわかったときの「やっぱりね」「そうだと思った！」という意味で使われます。場合によっては偉そうに聞こえたり、「わかっていたフリ」をしているだけなのではないかと勘繰られることもあるので、使いすぎには注意しましょう。ビジネスシーンなどでは、同じ意味でももう少し上品な I wondered as much. や Ah, sure enough. などを用いるとより適切です。

#### ⦿ 使い方　こう言われたらこのフレーズで返します。

**❶ Sally likes Sam.**
サリーはサムが好きなんだよ。
　　　　　　　　　　　　　　　» I knew it.

**❷ I heard Sally is still single.**
サリーはまだ独身なんだってね。
　　　　　　　　　　　　　　　» I knew it.

**❸ I've never seen this movie.**
この映画は見たことがありません。
　　　　　　　　　　　　　　　» I knew it.

**❹ I fell behind in my history class.**
歴史の授業で遅れを取ってしまったよ。
　　　　　　　　　　　　　　　» I knew it.

**❺ I got to school today, and it was empty!**
今日学校へ行ったら、誰もいなかったんだ！
　　　　　　　　　　　　　　　» I knew it.

**❻ This book isn't very interesting.**
この本はあまりおもしろくない。
　　　　　　　　　　　　　　　» I knew it.

**❼ Sally is pregnant.**
サリーは妊娠しているんだ。
　　　　　　　　　　　　　　　» I knew it.

**Track 22** 良いニュースに「それは良かった」と相づちを打ちたいとき

# » I'm glad to hear that.
## それは良かった。

### ❤ 使うときのポイント

良いニュースなど聞いた際に、「それを聞いてうれしい」という気持ちを伝える表現です。Glad to hear that. という省略バージョンもよく使われます。どちらかと言うとフォーマルな表現で、それだけ言うとドライな印象を与えかねません。コツはそれだけで会話を終わらせずに、後にコメントを続けること。似たニュアンスの表現には、Oh, that's good news! などがあります。

### ◉ 使い方　こう言われたらこのフレーズで返します。

**❶ I fixed the copy machine.**
コピー機を直したよ。
　　　　　　　　　　» I'm glad to hear that.

**❷ I finished that job in five minutes.**
あの仕事は5分で終えたよ。
　　　　　　　　　　» I'm glad to hear that.

**❸ I got an e-mail from Sally just now.**
ちょうど今サリーからeメールをもらったところ。
　　　　　　　　　　» I'm glad to hear that.

**❹ No one was hurt in the accident.**
その事故によるけが人はいませんでした。
　　　　　　　　　　» I'm glad to hear that.

**❺ I finally found my dog. He was in the park.**
ようやくうちの犬を見つけたんだ。公園にいたよ。
　　　　　　　　　　» I'm glad to hear that.

**❻ It looks like we're going to meet the deadline.**
締め切りに間に合いそうだ。
　　　　　　　　　　» I'm glad to hear that.

**❼ Sally liked the present you gave her.**
サリーは君があげたプレゼントを気に入っていたよ。
　　　　　　　　　　» I'm glad to hear that.

**Track 23** どうでもいい話に皮肉を込めて相づちを打ちたいとき

## » Big deal.
### たいしたことないよ。

I SEE.

### ❤ 使うときのポイント

big deal には「たいしたもの」「大事なこと」という意味があり、これはその皮肉を込めた反語的表現になります。たいていはあきれたような低いトーンで使われ、「全然たいしたことないよ」という無関心を強調するような意味を表します。So what? や Who cares? よりは言われた相手の不快感は和らぎますが、それでも使うのは親しい間柄の人だけに限ったほうがいいでしょう。

### ⊙ 使い方　こう言われたらこのフレーズで返します。

**❶ I gained half a pound!**
2分の1ポンド（約220グラム）体重が増えたよ！　　　» Big deal.

**❷ Sam said I'm fat.**
サムに太ってるって言われた。　　　» Big deal.

**❸ I found a dollar!**
1ドル見つけた！　　　» Big deal.

**❹ My friend is in a band.**
僕の友達はバンドをやっています。　　　» Big deal.

**❺ You can't say that! Someone might hear you.**
そんなこと言わないで！ 誰かに聞こえるかもしれないじゃないか。
　　　» Big deal.

**❻ My mom is angry again.**
またお母さんが怒ってる。　　　» Big deal.

**❼ I was really good at baseball when I was in elementary school.**
小学生のとき、野球がものすごくうまかったんだ。　　　» Big deal.

**Track 24** 落ち込んでいる人を慰めながら相づちを打ちたいとき

# ≫ It happens.
## よくあることさ。

### ♡ 使うときのポイント

「それは起こる」というのが直訳ですが、実際はアクシデントや不幸な出来事の話を聞いて、落ち込んでいる相手を「そういうこともあるよ」「誰にでもあることさ」と慰めるフレーズです。日本語で考えてみてもそうですが、抱えている問題が深刻だったり、大きな不幸を経験した人には適した声かけではありません。なお、これは決まり文句なので That happens. とは言えません。

### ◉ 使い方　こう言われたらこのフレーズで返します。

**❶ We lost the game.**
試合に負けちゃった。
　　　≫ It happens.

**❷ I didn't pass the exam!**
試験に落ちちゃった！
　　　≫ It happens.

**❸ I hurt my toe!**
（ぶつけて）つま先が痛い！
　　　≫ It happens.

**❹ The store didn't have the shoes I wanted in my size.**
その店で欲しかった靴は、私のサイズがなかった。
　　　≫ It happens.

**❺ There was so much traffic that I was almost late for work.**
道が混んでいてもう少しで仕事に遅れそうになったよ。
　　　≫ It happens.

**❻ I wanted to sit, but the train was full.**
座りたかったのですが、車内は満席でした。
　　　≫ It happens.

**❼ Nobody would listen to my story about my vacation.**
僕の休暇の話を誰も聞こうとしてくれなかったんです。
　　　≫ It happens.

## Track 25

「なるほどそれなら誰でも納得できる」と相づちを打ちたいとき

# » That makes sense.

## なるほど／それは納得です。

### ♡ 使うときのポイント

「筋が通っている」「道理にかなっている」「その理屈には納得できる」という意味の表現。客観的な言い回しで、主観的なニュアンスの強いI understand.などとは少しニュアンスが異なります。主語の「私は（納得できます）」を強調したい場合は、That makes sense to me. と言えばOK。反対に「それはおかしい」と否定する場合は、That doesn't make sense. となります。

### ● 使い方　こう言われたらこのフレーズで返します。

**❶ You have to press this button to turn the hot water on.**
お湯を出すにはこのボタンを押さないとね。
» That makes sense.

**❷ I don't have a TV because I can't understand Spanish.**
スペイン語がわからないから、テレビは持っていません。
» That makes sense.

**❸ I run in the park to stay away from cars.**
車を避けるために、公園内を走っています。
» That makes sense.

**❹ If you live close to your workplace, you don't need to wake up early.**
仕事場に近いところに住めば、早起きしなくて済みますよ。
» That makes sense.

**❺ I chose the flute because it's easy to carry.**
持ち運びが楽なので、フルートを選びました。
» That makes sense.

**❻ If I can make it myself, I won't eat it in a restaurant.**
もしこれを自分で作れたら、レストランでは食べないよ。
» That makes sense.

**❼ To buy the car, you need to first get a job.**
その車が欲しいなら、まず仕事を見つけないと。
» That makes sense.

# GOOD.
## (いいね。)
### の気持ちを伝える
### とっさのひと言9フレーズ

よく使う単語だからこそ、
ニュアンスの違いに気を付けたいのがGOOD。
良いニュースに心から「良かったね!」と言ったり、
「おめでとう!」と祝う「いいね!」のほか、
自分のことを謙遜しながら「いい感じです」と伝えるGOOD、
とりあえず今のところ順調だと伝える「いい感じだよ」などを
紹介。ネイティブみたいに使ってみて。

## Track 26 謙遜しながら「いい感じです」と伝えたいとき

# » Not bad.
## 悪くないよ／元気だよ。

### 💗 使うときのポイント

「悪くはない」という文字通りの意味ではなく、通常は「十分満足できる」「非常に良い」という意味になります。また、「予想外に良かった」というニュアンスもあります。控えめな感じも出るので、自分自身のことを評価するときに使えば好印象に。How are you? への返答に使えば、「元気だよ」というポジティブな意味になります。ただし、声のトーンや表情によっては、「そこそこ」「たいしたことない」という嫌味に解釈されることもあります。

### ⦿ 使い方　こう言われたらこのフレーズで返します。

**❶ How was the traffic?**
道の混み具合はどうだった？
» **Not bad.**

**❷ How was the food last night?**
昨日の晩の食事はどうだった？
» **Not bad.**

**❸ Are you good at playing chess?**
チェスは得意？
» **Not bad.**

**❹ What do you think of her singing?**
彼女の歌、どう思う？
» **Not bad.**

**❺ How's college?**
大学はどう？
» **Not bad.**

**❻ How did your country do in speed-skating?**
スピードスケート、君の国はどうだった？
» **Not bad.**

**❼ We won five times and lost three times.**
5勝3敗でした。
» **Not bad.**

**Track 27** 良いニュースを聞いて「いいね!」と伝えたいとき

# » That's great!
それはいいね!

## ♡ 使うときのポイント

「良い知らせ」を聞いたときの返答として用いるのが、That's great.の基本的な使い方です。逆に、「悪い知らせ」を聞いた人が低い声でぼそっと言ったら、それは「あっそう」「それは良かったね」という皮肉です。「それはすごいね」という日本語からIt's great.を連想しがちですが、相手の発言に対するリアクションとしては不自然です。ちなみに、It's great to see you.（お会いできてうれしいです）とは言えますが、That's great to see you. とは言えません。

## ◉ 使い方　こう言われたらこのフレーズで返します。

**❶ This is my best sunset photo ever!**
これは僕が撮った中で最高の夕日の写真さ!
» **That's great!**

**❷ I did it! I graduated!**
やった! 卒業したよ!
» **That's great!**

**❸ I graduate from college next month.**
来月大学を卒業するよ。
» **That's great!**

**❹ Sally gave birth to a healthy baby girl.**
サリーが健康な女の子を産んだって。
» **That's great!**

**❺ The doctor said he'll be fine.**
医者が彼はよくなると言っていたよ。
» **That's great!**

**❻ Can you believe it? I passed the audition!**
信じられる? オーディションに合格したんだ!
» **That's great!**

**❼ I got an answer! The publisher said Yes!**
回答が来たよ! 出版社はOKだって!
» **That's great!**

# Track 28
とりあえずの現状報告で
「今のところはいいよ」と伝えたいとき

## So far, so good.
今のところ順調です。

### 💗 使うときのポイント

「仕事は順調ですか？」などの質問を受けたときに、「今のところいい感じですよ」と答えるときの表現です。so far には「これまでのところは」「今のところは」という意味があり、I haven't heard from him so far.（今のところ彼からの連絡はありません）のように用いることもできます。「今のところ」とあえて断っていることから、「今後悪い方向へ向かうかもしれない」という不安な気持ちが伴うこともあります。

### ⭕ 使い方　こう言われたらこのフレーズで返します。

**❶ Hey, how's it going?**
ねえ、元気？
》**So far, so good.**

**❷ How's your father doing?**
お父様の具合はどう？
》**So far, so good.**

**❸ How are sales this quarter?**
この四半期の売上はどう？
》**So far, so good.**

**❹ How do you like your new job?**
新しい仕事は気に入っていますか？
》**So far, so good.**

**❺ How's your research paper coming along?**
研究論文の進み具合はどう？
》**So far, so good.**

**❻ How are the wedding preparations going?**
結婚式の準備は順調？
》**So far, so good.**

**❼ How's your new puppy? Is the training going well?**
新しい子犬は元気？しつけはうまくいっている？
》**So far, so good.**

## Track 29

ほっと胸をなでおろして「良かった」と伝えたいとき

# » That's good to know.

それは良かった。

### ♡ 使うときのポイント

自分にとって有益な情報や安心材料となる知らせを聞いたときに、「それを知れて良かった」「それを聞いて安心しました」という意味で使われる相づち表現です。その情報がすぐに役立つものでなくても、「それを今のうちに知れて良かった」という感謝の気持ちを表すことができます。また、Thank you.（ありがとう）というひとことを伴うこともよくあります。That's を省略して Good to know. ならよりカジュアルな表現に。

### ◉ 使い方　こう言われたらこのフレーズで返します。

**❶ Our flight will be on-time.**
僕たちの便は定刻通りの予定です。
» **That's good to know.**

**❷ We can still make it.**
まだ間に合うよ。
» **That's good to know.**

**❸ The test date was changed.**
テストの日程が変更されたよ。
» **That's good to know.**

**❹ I ironed your shirt. It's in the closet.**
あなたのシャツにアイロンをかけておいたよ。クローゼットの中にあるよ。
» **That's good to know.**

**❺ Tickets are already on sale.**
チケットはすでに発売されているよ。
» **That's good to know.**

**❻ The teacher is really kind.**
あの先生はとても親切です。
» **That's good to know.**

**❼ This surgery works 99 percent of the time.**
この手術は99パーセントうまくいきます。
» **That's good to know.**

# Track 30

すごくいい話に大賛成して「いいね」と伝えたいとき

## » Sounds like a plan.

いいね。

### ♥ 使うときのポイント

That sounds like a plan. を短くしたものです。この a plan とは、a good plan、つまり「良い計画」のことです。「良い計画だと思います」→「いいね、ぜひやりましょう」というかなり肯定的な言い回しです。なお、動詞の sound（〜に聞こえる、〜に思われる）は、後にいろいろな形容詞を続けて、Sounds fun.（楽しそうですね）、Sounds familiar.（聞いたことのあるような話ですね）のように使われます。

### ● 使い方　こう言われたらこのフレーズで返します。

**❶ We can work together.**
一緒に仕事をしましょう。
» Sounds like a plan.

**❷ Let's play baseball at the picnic.**
ピクニックで野球をしよう。
» Sounds like a plan.

**❸ Should we leave at the same time?**
一緒に出発したほうがいいでしょうか？
» Sounds like a plan.

**❹ If you and Sally go in the same car, it'll save gas.**
君とサリーが同じ車で行けば、ガソリンを節約できるよ。
» Sounds like a plan.

**❺ We should buy him dinner as thanks.**
お礼に彼に夕食をごちそうしないとね。
» Sounds like a plan.

**❻ Why don't we take tomorrow off and relax?**
明日は休んでゆっくりしようよ？
» Sounds like a plan.

**❼ Let's stop here for today.**
今日はこの辺で切り上げよう。
» Sounds like a plan.

## Track 31 相手の意見に同意して「そうだね」「いいね」と伝えたいとき

# » Good point.

確かに。

### ❤ 使うときのポイント

That's a good point. を短くしたフレーズです。Good idea.(いい考えだ) とほぼ同じニュアンスを持つ表現で、相手の提案や意見に同意するときに使います。また、相手が重要な点を指摘してくれた際には、「いい指摘だね」「いいところを突いてるね」という意味で使うことも可能です。さらに、相手に反論するときにも、That's a good point, but ... 「それはもっともだけど〜」のように切り出すと角が立ちません。

### ◉ 使い方　こう言われたらこのフレーズで返します。

**① It'll be a bit cheaper to go by train.**
電車を使ったほうが少し安いですよ。　　　　　　　　　　» Good point.

**② We should have some vegetarian options.**
ベジタリアン向けのメニューを作るべきです。　　　　　　» Good point.

**③ How do you plan to play baseball without a ball?**
ボールがないのにどうやって野球をするつもり？　　　　　» Good point.

**④ You should study harder.**
もっと一生懸命勉強したほうがいいよ。　　　　　　　　　» Good point.

**⑤ Try to get some sleep.**
できるだけ睡眠を取ってください。　　　　　　　　　　　» Good point.

**⑥ Let's wait until the rain stops.**
雨がやむまで待ちましょう。　　　　　　　　　　　　　　» Good point.

**⑦ Isn't your mom a lawyer? Why don't you just ask her for advice?**
君のお母さんは弁護士じゃなかった？
お母さんにアドバイスをもらったら？　　　　　　　　　　» Good point.

**Track 32** すてき！ すごい！ という気持ちを込めて「いいね」と伝えたいとき

# That's neat.

いいね。

## 💗 使うときのポイント

「すてきな」「すごい」といった意味を持つneatを使ったこの表現は、「それはいいね」とコメントするときに使われます。類似表現には、That's cool. や Cool. などがあります。ちなみに、neat には「きちんとした」「こぎれいな」という意味もあり、She is always neat and tidy.（彼女はいつもきちんとした身なりをしているよね）や、She always keeps her room neat.（彼女はいつも部屋をきれいに保っている）のように使われます。

## 🔴 使い方　こう言われたらこのフレーズで返します。

**❶ My phone is waterproof.**
僕の電話は防水加工されています。
» That's neat.

**❷ Look at this jacket I bought yesterday!**
昨日買ったこのジャケットを見てよ！
» That's neat.

**❸ I got a new tennis racket for my birthday.**
誕生日に新しいテニスラケットをもらったよ。
» That's neat.

**❹ Have you seen my new headphones? They're wireless!**
僕の新しいヘッドフォン見せたっけ？ ワイヤレスなんだ！
» That's neat.

**❺ Sally is a great singer.**
サリーは歌がとても上手です。
» That's neat.

**❻ Sam is a pilot.**
サムはパイロットです。
» That's neat.

**❼ Sam makes all of his own clothes.**
サムは自分の服をすべて手作りしてるんだ。
» That's neat.

**Track 33**

おめでとうの気持ちを少々込めて「いいね」と伝えたいとき

## » Nice one!
いいね！／良かったね！

### ♡ 使うときのポイント

「良かったね!」「やったじゃない!」「おめでとう!」と、相手を祝う意味でよく使われます。ただし、あまり大きな成功ではなく、比較的小さい成功や勝利などに対して使われることが多い表現です。この one は数字の「1」ではなく、「(～な) もの」という意味の代名詞の用法です。つまり、「いいね」の対象となった事柄を指す代名詞なのです。なお、P.50 の Way to go. も似た表現です。

### ● 使い方　こう言われたらこのフレーズで返します。

❶ **Did you see the new car I got?**
僕が買った新車見た？
　» **Nice one!**

❷ **I found 30 dollars in my coat pocket.**
コートのポケットに30ドル入っていたんだ。
　» **Nice one!**

❸ **We won first prize!**
1位になりました！
　» **Nice one!**

❹ **I bought a nice shirt on sale.**
セールでいいシャツを買いました。
　» **Nice one!**

❺ **We got front-row seats!**
前列シートを取ったよ！
　» **Nice one!**

❻ **I was able to get a student discount.**
学生割引を受けることができました。
　» **Nice one!**

❼ **Sally won 5,000 dollars at the casino!**
サリーがカジノで5,000ドルもうけたよ！
　» **Nice one!**

## Track 34 相手の大成功を祝う気持ちを込めて「いいね」と伝えたいとき

# » Way to go!
### やったね！／すごいね！

GOOD.

### ❤ 使うときのポイント

このフレーズは、1960年代のテレビ番組で使われ広まりました。そのためやや「古い」と感じるネイティブも多いのですが、まだよく使われています。P.49で、Nice one! とほぼ同じ意味だと述べましたが、興奮の度合いで言えばWay to go! のほうがやや高めです。つまり、より大きな成功に対して使われる傾向があります。とはいえ、「よくやった！」「その調子！」といった意味合いになるのは同じなので、使いわけはあまり気にせず使いましょう。

### ● 使い方　こう言われたらこのフレーズで返します。

**❶ I got the apartment I wanted!**
希望のアパートを手に入れたよ！　　　　　　　　　　　　» Way to go!

**❷ They gave me a bigger bonus!**
ボーナスが増えたんだ！　　　　　　　　　　　　　　　　» Way to go!

**❸ It's been three months since I quit smoking.**
禁煙を始めて3カ月になるよ。　　　　　　　　　　　　　» Way to go!

**❹ I lost 30 pounds!**
30ポンド（約13キロ）もやせたよ！　　　　　　　　　　　» Way to go!

**❺ I got asked to work on a big project.**
大きなプロジェクトに加わるように言われたんだ。　　　　» Way to go!

**❻ I read 100 books last year.**
去年は本を100冊読みました。　　　　　　　　　　　　　» Way to go!

**❼ I hit two home runs!**
2本のホームランを打ったよ！　　　　　　　　　　　　　» Way to go!

# NOT（VERY）GOOD.
（よくないね。）
の気持ちを伝える
とっさのひと言9フレーズ

「良くはない」と直訳すると、日本語の語感では「悪くはない」という意味ですが、英語では「とても悪い」というニュアンスになるので注意。何かの感想として「ひどかった」と言ったり、かわいそうに……と同情する「ひどいね」などの、気持ちを伝えるNOT GOOD.のほか、使いこなせると「こなれた感」が出るカジュアルな表現など、使い勝手の良いフレーズを集めました。

## Track 35 調子や具合が実は「かなり良くない」とやんわりと伝えたいとき

## » Not very good.
いまひとつだよ。

### 💗 使うときのポイント

調子や様子、感想などを尋ねられたときの応答として使われます。直訳すると「あまり良くない」ですが、実際には「あまり良くない」どころではなく、「かなり悪い」というニュアンスで使われますので注意してください。Not good. よりも「良くない」と言えます。Not so good. と言い換えも可能です。ちなみに、人の具合や状態を尋ねられたときには、本来、Not very well. とすべきですが、多くのネイティブが Not very good. と答えています。

### ⊙ 使い方 こう言われたらこのフレーズで返します。

❶ **How was the meeting?**
打ち合わせはどうだった？
» Not very good.

❷ **How was the restaurant?**
あのレストランはどうだった？
» Not very good.

❸ **How was your day today?**
今日はどんな日だった？
» Not very good.

❹ **How's your research going?**
リサーチの進行状況は？
» Not very good.

❺ **How did you do on the test?**
テストの手ごたえは？
» Not very good.

❻ **How was your date last night?**
昨晩のデートはどうだった？
» Not very good.

❼ **How's the new novel you're reading?**
今読んでいる新しい小説はおもしろい？
» Not very good.

**Track 36** 知らないほうがいいくらい「良くない」と伝えたいとき

# » Don't ask.

知らないほうがいいよ／
思い出したくもない。

NOT (VERY) GOOD.

## 使うときのポイント

これは状況によって大きく2つの意味で使われます。1つ目はYou wouldn't like the answer, so don't ask.（答えは気に入らないだろうから、聞かないで）ということ。つまり、「聞いたらがっかりすると思うよ」という意味。2つ目はI don't want to be reminded about it, so don't ask.（そのことを思い出したくないから、聞かないで）。つまり、「嫌なことを思い出させないで」という気持ちです。表情で使い分けましょう。

## 使い方　こう言われたらこのフレーズで返します。

**1** What's up with Sally?
サリーは元気？
» **Don't ask.**

**2** Was the movie any good?
その映画、おもしろかった？
» **Don't ask.**

**3** How was your camping trip?
キャンプ旅行はどうだった？
» **Don't ask.**

**4** Are you enjoying your new job?
新しい仕事は楽しい？
» **Don't ask.**

**5** Did you do anything over Christmas vacation?
クリスマス休暇中は何かしたの？
» **Don't ask.**

**6** How was the meeting with the client?
クライアントとのミーティングはいかがでしたか？
» **Don't ask.**

**7** Why did they break up?
どうして彼らは別れたの？
» **Don't ask.**

**Track 37** 感想を聞かれて「良くなかった」と伝えたいとき

# » It was terrible.
ひどかったよ。

### 💗 使うときのポイント

terrible は、通常 bad よりも「悪い」状態を意味する単語。過去形なので、感想などを聞かれて「ひどかったよ」と答えるときのひとことです。このとき、That was terrible. とは言えません。なぜなら that は相手に同情したり、ほめたりするときに「相手の考え」や「相手に起こった出来事」の代名詞として使われるからです（P.59の That's unfortunate. やP.17の That's incredible! がその例です）。ここは自分の感想なので、主語は it が適切となります。

### ⦿ 使い方　こう言われたらこのフレーズで返します。

**❶ How was his speech?**
彼のスピーチはどうだった？
　　　　　　　　　　　　» It was terrible.

**❷ Did you like the concert?**
コンサートは良かった？
　　　　　　　　　　　　» It was terrible.

**❸ How was the meeting?**
会議はどうでしたか？
　　　　　　　　　　　　» It was terrible.

**❹ How was last night's musical?**
昨日の夜のミュージカルはどうだった？
　　　　　　　　　　　　» It was terrible.

**❺ Do you think you passed the test?**
試験には合格しそう？
　　　　　　　　　　　　» It was terrible.

**❻ How was your trip?**
旅行はどうでしたか？
　　　　　　　　　　　　» It was terrible.

**❼ How was your first day at your new job?**
新しい職場での初日はどうでしたか？
　　　　　　　　　　　　» It was terrible.

**Track 38** 良くない事実を認めなくてはならないとき

# I'm afraid so.
残念ながらね。

NOT (VERY) GOOD.

## ♡ 使うときのポイント

「そのようです」と、相手の発言を肯定するときのひとこと。必ずネガティブなニュアンスで用いられるので、Are they getting married?(彼らは結婚するの?) に対しての応答としては通常考えられません(2人の結婚が気に入らない理由があるなら別ですが……)。口語では、I'm を省略した Afraid so. という形もよく使われます。そのときは 'Fraid so. のように発音され、最初の a を言わないことがあるので覚えておきましょう。

## ◉ 使い方　こう言われたらこのフレーズで返します。

❶ **You're moving to Ontario!?**
オンタリオ州に引っ越すの!?
　》 **I'm afraid so.**

❷ **Are all of the flights delayed?**
すべての便が遅れているのですか?
　》 **I'm afraid so.**

❸ **Are you going to be late?**
遅れそう?
　》 **I'm afraid so.**

❹ **Are you closed on weekends?**
週末は休業日ですか?
　》 **I'm afraid so.**

❺ **Is this purple sweater already sold out?**
このセーターの紫はもう売り切れてしまいましたか?
　》 **I'm afraid so.**

❻ **Do I really have to go to the dentist?**
本当に歯医者に診てもらわなきゃだめ?
　》 **I'm afraid so.**

❼ **I heard you lost the game...**
君が試合に負けたって聞いたよ……。
　》 **I'm afraid so.**

**Track 39** 強い不快感を込めて「良くない」と伝えたいとき

# » How disgusting!
### 気持ち悪い！

## ♡ 使うときのポイント

〈How + 形容詞〉で、「なんて〜なんだろう！」という意味の感嘆文を作ることができます。disgusting は「気分の悪くなるような」「不愉快な」という意味なので、How disgusting! は「なんて気持ち悪いの！」という不快感を表すかなり強い表現です。それだけに、使うタイミングを間違えると相手の気分を害すことにもなりかねないので気をつけましょう。That's gross! もほぼ同じ意味で使われます。

## ● 使い方　こう言われたらこのフレーズで返します。

**1** I saw a spider!
クモがいた！
» How disgusting!

**2** Look at this strange photo.
このおかしな写真を見てよ。
» How disgusting!

**3** I stepped on some gum.
ガムを踏んじゃったんだ。
» How disgusting!

**4** There was a big frog in the toilet!
トイレの中にでっかいカエルがいたの！
» How disgusting!

**5** Sam hasn't showered in days.
サムはもう何日もシャワーを浴びていないんだ。
» How disgusting!

**6** How do you like my zombie costume?
僕のゾンビコスチュームどうかな？
» How disgusting!

**7** My brother adds mayonnaise to miso soup.
私の弟（兄）はみそ汁にマヨネーズを入れるんだ。
» How disgusting!

**Track 40**

「かわいそう」という気持ちを込めて「良くない」と伝えたいとき

## » Poor thing.
かわいそうに。

NOT (VERY) GOOD.

### ♡ 使うときのポイント

「かわいそうに」という同情の気持ちを相手に伝えるフレーズです。特に、困っている人や動物、赤ちゃんや小さい子どもなどに向けて発せられることが多い言葉です。なお、近しい友達やパートナーに気持ちを込めて言えば「愛情」を示すことができますが、それ以外の大人に向かって言うと、皮肉に聞こえるか、見下しているようにも聞こえることがあるので避けたほうが無難です。

### ● 使い方　こう言われたらこのフレーズで返します。

**1** I haven't slept for three days.
丸3日寝てないよ。　　　　　　　　　　　　　» Poor thing.

**2** Sally has to study for four tests this week.
今週、サリーは4つのテストに向けて勉強しないといけないんだ。
　　　　　　　　　　　　　　　　　　　　　» Poor thing.

**3** I'm really tired.
くたくただよ。　　　　　　　　　　　　　　» Poor thing.

**4** Sally can't go on the trip because she has the flu.
サリーはインフルエンザにかかって、旅行に行けないんだ。
　　　　　　　　　　　　　　　　　　　　　» Poor thing.

**5** I tripped and hurt my knee.
つまずいて、ひざを痛めてしまいました。　　　» Poor thing.

**6** Sam broke his wrist.
サムは手首を骨折しました。　　　　　　　　　» Poor thing.

**7** He didn't get a prize.
彼は受賞を逃しました。　　　　　　　　　　　» Poor thing.

# Track 41

友達同士の「最悪〜」というノリで「良くない」と伝えたいとき

## » That sucks.

最悪じゃん。

NOT (VERY) GOOD.

### ♥ 使うときのポイント

That's too bad. や That's awful. などとニュアンスは同じですが、よりくだけた表現なので、「下品」と感じるネイティブも少なくありません。改まった場面では好まれないでしょう。しかし、友達同士などの会話であれば、「それはひどいな」「最悪だね」という同情の気持ちを伝えたいときに頻繁に使われています。ちなみに suck には suck at ...（〜ひどく下手である）というスラングの意味もあり、I suck at baseball.（私は野球がまるでダメです）のように使われます。

### ◉ 使い方　こう言われたらこのフレーズで返します。

**❶ Sally is angry at me.**
サリーは僕に腹を立てているんだ。　　　　　　　　　　» That sucks.

**❷ I heard Sam got into a car accident.**
サムが交通事故に遭ったらしいよ。　　　　　　　　　　» That sucks.

**❸ I dropped my cell phone in the toilet.**
トイレに携帯電話を落としちゃったんだ。　　　　　　　» That sucks.

**❹ My roommate never washes his dishes!**
ルームメイトが全然皿を洗ってくれないんだ！　　　　　» That sucks.

**❺ Try to keep it down. Sally is sick.**
静かに。サリーが病気なんだ。　　　　　　　　　　　　» That sucks.

**❻ I slept through the exam!**
試験中、ずっと寝てしまいました！　　　　　　　　　　» That sucks.

**❼ Sam can't eat chocolate.**
サムはチョコレートが食べられないんです。　　　　　　» That sucks.

Track 42

「お気の毒に」という気持ちを込めて
「良くない」と伝えたいとき

# That's unfortunate.

残念です／それはお気の毒に。

NOT (VERY) GOOD.

## 💗 使うときのポイント

fortunate（運の良い、幸せな）の反意語である unfortunate（不運な、不幸な）を使った表現で、相手の困難な状況に対して同情の気持ちを示すときに使います。同じ意味を表す That's too bad. と比べて少しフォーマルな言い方です。また、I'm sorry to hear that. もほぼ同じニュアンスの表現です。ネイティブは、That's unfortunate. や That's too bad. の後に、すぐに続けて I'm sorry to hear that. という言うこともよくあります。

## 🎯 使い方　こう言われたらこのフレーズで返します。

❶ **Our cat is really old and sick.**
うちのネコは高齢で、病気なんです。
» **That's unfortunate.**

❷ **I lost my train pass yesterday.**
昨日、電車の定期券を失くしてしまいました。
» **That's unfortunate.**

❸ **My bike has a flat tire so I walked.**
自転車がパンクしてしまったので、歩きました。
» **That's unfortunate.**

❹ **I can't go golfing with you today.**
今日はあなたとゴルフに行けません。
» **That's unfortunate.**

❺ **I left my laundry out in the rain.**
雨なのに洗濯物を干しっぱなしで出てきちゃった。
» **That's unfortunate.**

❻ **The game tickets are all sold out.**
その試合のチケットは売り切れです。
» **That's unfortunate.**

❼ **I have a noisy neighbor.**
騒音を立てる隣人がいるんです。
» **That's unfortunate.**

**Track 43** いつもの通り、やっぱり「良くなかった」と伝えたいとき

NOT (VERY) GOOD.

## » Just my luck.
やれやれ、ついてないな。

### 💗 使うときのポイント

「ついてないな」「運が悪いな」という意味の表現ですが、「今回はついていなかった」という気持ちだけでなく、「いつものことだけど」「やっぱりか……」という自分の運の悪さに対する「あきらめ」や「皮肉」が込められた反語的表現です。そのため、「案の定」という訳があてられる場合もあります。That's just my luck. と言うこともあります。反対に、「(今日は) ついてるな」というときは、Lucky me. / It's my lucky day. / Today is my lucky day. などと言えます。

### 🔴 使い方　こう言われたらこのフレーズで返します。

❶ **The train is about 15 minutes late.**
電車は15分ほど遅れます。
» **Just my luck.**

❷ **The street is closed off because of a fire.**
火事のため、その道路は通行止めになっていますよ。
» **Just my luck.**

❸ **The Internet is down today.**
今日はネットがダウンしています。
» **Just my luck.**

❹ **It looks like there was an accident at the end of this tunnel.**
このトンネルの出口付近で事故が発生したようだよ。
» **Just my luck.**

❺ **Sorry, we're full.**
申し訳ありませんが、満室です。
» **Just my luck.**

❻ **The TV you bought last week is half price now.**
先週あなたが買ったテレビ、今は半額になっているよ。
» **Just my luck.**

❼ **Sorry, there aren't any window seats left.**
申し訳ありませんが、窓側の席は空いておりません。
» **Just my luck.**

# YES.
## (いいよ。)
### の気持ちを伝える
### とっさのひと言11フレーズ

親しい相手に「いいよ」と言ったり、
ビジネスシーンで「はい」と答えたり、さまざまな相手に
使うYES。だからこそ、相手やシチュエーションによって、
最適な表現で答えられるよう、練習しましょう。
許可を求められたときの「どうぞ」、
頼まれごとに快く答える「ええ、もちろん」、
ノリノリで答える「いいね!」「もちろん!」
などのフレーズを使い分けてみて。

**Track 44** 親しい相手に気軽に「いいよ」と伝えたいとき

YES.

## » Okay, sure.
いいですよ。

### ♥ 使うときのポイント

非常にカジュアルかつフレンドリーに「提案」や「申し出」を受けるときの返答です。また、「許可」を求められたときの承諾の表現としても使えます。Okay. と Sure. のどちらかだけでも事足りますが、2つを組み合わせるとさらにポジティブな響きになるのでおすすめです。似たニュアンスの表現にはほかにも、Why not?／Sure thing.／You bet.（P.70を参照）などがあります。Sure, why not? の組み合わせもよく使われます。

### ⊙ 使い方　こう言われたらこのフレーズで返します。

**❶ Let's get coffee.**
コーヒーを買いに行こう。
» Okay, sure.

**❷ I'm going to download this file.**
このファイルをダウンロードするね。
» Okay, sure.

**❸ Maybe I should make a list.**
リストを作ったほうがいいかもしれないね。
» Okay, sure.

**❹ Close the curtains to shut out the light.**
光が入らないようにカーテンを閉めて。
» Okay, sure.

**❺ Do you want me to back up the computer's hard disk?**
パソコンのデータをバックアップしてあげようか？
» Okay, sure.

**❻ Can we switch places? I can't see the screen.**
席を交換してくれる？ スクリーンが見えないんだ。
» Okay, sure.

**❼ Why don't you take a break and let me drive for a while?**
少し休んだら？ しばらく僕に運転させて。
» Okay, sure.

## Track 45 ちょっとかしこまって「いいですよ」と伝えたいとき

# » Yes, that's right.
## ええ、そうですよ。

### 💗 使うときのポイント

実は Yes. は、日本人が思っている以上に「フォーマル」な響きを持っています。そのため、この「ええ、その通りです」という意味の表現は、とてもまじめでかしこまった印象を相手に与えます。友人との会話であれば、Yeah.／Yup.／That's right. などがよく使われています。また、何かの確認を求められたときに、それが「正しい」ということをさらに強調したいときは、that's correct. が使われます。

### ◉ 使い方　こう言われたらこのフレーズで返します。

❶ **Did this film win four Academy Awards?**
この映画は4部門でアカデミー賞を受賞したの？
　　» Yes, that's right.

❷ **I heard that you're normally busy on Mondays.**
君は月曜日はいつも忙しいと聞いたよ。
　　» Yes, that's right.

❸ **Does this bus go downtown?**
このバスは都心に行きますか？
　　» Yes, that's right.

❹ **Is Sam a teacher?**
サムは教師ですか？
　　» Yes, that's right.

❺ **I heard you got into college!**
君が大学に入学したと聞いたよ！
　　» Yes, that's right.

❻ **Is he a millionaire?**
彼はお金持ちなの？
　　» Yes, that's right.

❼ **You're 67!? I thought you were 40!**
67歳なんですか!? 40歳かと思いましたよ！
　　» Yes, that's right.

**Track 46** 許可を求められて「いいよ」と伝えたいとき

# Be my guest.
どうぞご自由に。

### ♥ 使うときのポイント

Be my guest. は、いろいろなシーンで使われる決まり文句です。何か許可を求められたとき以外にも、お客さまに対しては「どうぞお召し上がりください」、食事をごちそうするときには「ここは私がおごります」など、状況に応じてさまざまな意味を持ちます。「お客さまなのだから、遠慮なく自由にしていいんですよ」という誰が言われても気持ちのいいフレーズですから、ぜひ使ってみてください。

### ◉ 使い方　こう言われたらこのフレーズで返します。

❶ **May I use the restroom?**
お手洗いを使わせてもらえますか？
》**Be my guest.**

❷ **Can I have another cookie?**
クッキーをもう1枚食べてもいい？
》**Be my guest.**

❸ **Is anybody sitting in this chair?**
このイスには誰か座っていますか？
》**Be my guest.**

❹ **Could I bring a friend to the party?**
パーティに同伴者を連れて行っていい？
》**Be my guest.**

❺ **Is it okay if my son plays here?**
僕の息子をここで遊ばせてもいいですか？
》**Be my guest.**

❻ **Do you mind if I stop by on Friday next week?**
来週の金曜日に立ち寄っても大丈夫？
》**Be my guest.**

❼ **Can I open this window?**
この窓を開けてもいいですか？
》**Be my guest.**

# Track 47

誘いや提案にうれしさを込めて「いいよ」と答えたいとき

## » Sounds good to me.
### それはいいね。

### 💗 使うときのポイント

That sounds good to me. の That が省略されたものです。特に「私はいいと思います」と強調する必要がなければ to me は言わずに、Sounds good. だけでも問題ありません。相手の誘いや提案を快諾する際に、Okay.（いいよ）ばかり使ってはいませんか？ Sounds good. や (That's) perfect.（いいね）などは、同時に喜びや期待感も伝えることができます。さらに「こなれた感」を出せるフレーズなので、ぜひ使いこなしてください。

### ⦿ 使い方　こう言われたらこのフレーズで返します。

❶ **Can we go with subway?**
地下鉄で行けますか？
» **Sounds good to me.**

❷ **Should I go with you?**
一緒に行こうか？
» **Sounds good to me.**

❸ **Let's move the bed over here.**
ベッドをこっちに動かしましょう。
» **Sounds good to me.**

❹ **How about if we meet at 3 o'clock on Monday?**
月曜日の3時に会うのはどうですか？
» **Sounds good to me.**

❺ **We should plan something special for her birthday.**
彼女の誕生日に、何か特別なことを企画しようよ。
» **Sounds good to me.**

❻ **I'm heading to the station now. Do you want to join me?**
今から駅に向かうけど、君も一緒に行く？
» **Sounds good to me.**

❼ **Let's have the meeting on Tuesday.**
火曜日にミーティングを行いましょう。
» **Sounds good to me.**

# Track 48

疑われてしまって「信じて！ 本当だよ！」と伝えたいとき

## » I swear.

### 絶対だよ／本当だよ／約束するよ。

YES.

### ❤ 使うときのポイント

swear は「（神にかけて）誓う」「断言する」といった意味です。I swear. には主に2つの使い方があり、1つは「断じて本当だよ」という意味です。自分の言うことがなかなか信じてもらえないようなことがあったら、相手の目を見ながらこの表現を使ってみてください。Seriously?（P.15を参照）と疑われてしまったときの返答としてもぴったりです。2つ目は、I promise. と同じく「約束します」という誓いの言葉としての意味合いがあります。

### ● 使い方　こう言われたらこのフレーズで返します。

**❶ Are you telling the truth?**
それ本当？
» I swear.

**❷ You made plans for the party, right?**
パーティの予定は立ててくれたんだよね？
» I swear.

**❸ Can you keep a secret?**
秘密を守れる？
» I swear.

**❹ Make sure you pay me back.**
絶対にお金を返してね。
» I swear.

**❺ You'll finish the report by Friday, right?**
金曜日までにレポートを書き上げられますよね？
» I swear.

**❻ Promise me you won't be late.**
遅れないと私に約束してください。
» I swear.

**❼ Do you really think I look okay?**
本当に私の見た目大丈夫だと思う？
» I swear.

**Track 49** 頼まれごとをされて「お安い御用！」と引き受けたいとき

# » No sweat.
お安い御用です。

## 💗 使うときのポイント

sweatは「汗」のこと。ですから、No sweat. は「汗もかかないよ」ということで、「お安い御用です」「まかせてよ」「朝飯前です」と、相手の依頼を快く引き受ける際に用いられる表現です。よく似たニュアンスの表現に、No problem. / It's easy as ABC. / Piece of cake. などがあります。Piece of cake. は、「そんなのケーキを食べるくらい簡単」という発想が由来です。

## 🔴 使い方　こう言われたらこのフレーズで返します。

**❶ Would you give Sam a hand?**
サムを手伝ってくれる？　　» **No sweat.**

**❷ Could you pick me up at the station?**
駅に迎えに来てくれる？　　» **No sweat.**

**❸ Do you think you could fix this camera?**
このカメラを直せますか？　　» **No sweat.**

**❹ Do you mind chopping up the carrots?**
にんじんを切ってくれる？　　» **No sweat.**

**❺ Could you lend me a dollar?**
1ドル貸してくれませんか？　　» **No sweat.**

**❻ Do you think you can send it back by Monday?**
月曜までに返送していただけますか？　　» **No sweat.**

**❼ Can I bring Sam along to the party?**
パーティにサムも連れて行っていい？　　» **No sweat.**

**Track 50** 相手の言ったことに強く同意するとき

# That's for sure.
**本当にそうだね。**

YES.

## 💗 使うときのポイント

相手の言ったことに強く同意するときのひとことで、「確かに」「本当にそうだね」という意味を表します。For sure. の短いバージョンもよく使われます。For sure? と語尾を上げて言えば、「本当に?」「確かなの?」と尋ねるフレーズになります。同意を表す表現には、ほかにも I think so, too. や I agree. などがあります。さらに I couldn't agree more. は「これ以上ないくらいに賛成だね」→「まったくその通り」という強い同意を表します。

## ⏺ 使い方　こう言われたらこのフレーズで返します。

❶ **The Web has everything.**
ネットには何でもあるよ。
» **That's for sure.**

❷ **The weather's great for a picnic.**
ピクニックに最高の天気だね。
» **That's for sure.**

❸ **The server sure is slow!**
あのウェイターは本当にゆっくりしてるね!
» **That's for sure.**

❹ **The windshield is really dirty, isn't it?**
フロントガラスがひどく汚れていない?
» **That's for sure.**

❺ **This painting is beautiful!**
この絵画は美しいですね!
» **That's for sure.**

❻ **Your friend is an amazing cook.**
あなたの友達は料理がとても上手ですね。
» **That's for sure.**

❼ **That movie was so interesting!**
あの映画はとてもおもしろかったよ!
» **That's for sure.**

**Track 51** 確認を求める質問に「そう聞いています」と答えたいとき

# That's what I heard.
## 私はそう聞いてます。

### 💗 使うときのポイント

「それは私が聞いたことです」というのが直訳。つまり、問いかけに対して「私はそう聞いています」と答えるときの言い回しです。また聞きした情報であるなどの理由から、「断定はできないけれど、少なくともそれは私が聞いたことと同じです」と伝えるときに便利な表現です。hear（聞く）という単語を使っていますが、「読んで知った情報」でも問題ありません。

### ◉ 使い方　こう言われたらこのフレーズで返します。

❶ **Did Sam have a good time?**
　サムは楽しめたかな？
　》**That's what I heard.**

❷ **Are bananas good for you?**
　バナナは体にいいですか？
　》**That's what I heard.**

❸ **Did Sam really sell his car?**
　サムは本当に車を売ったの？
　》**That's what I heard.**

❹ **Our team won?**
　うちのチームが勝ったんだって？
　》**That's what I heard.**

❺ **Was the exam cancelled?**
　試験は中止になったの？
　》**That's what I heard.**

❻ **Is Sally a vegetarian?**
　サリーはベジタリアンなの？
　》**That's what I heard.**

❼ **The match lasted eight hours?**
　その試合は8時間も続いたんだって？
　》**That's what I heard.**

# Track 52 依頼を快く引き受けたいときに

## » You bet.
### ええ、もちろん／どういたしまして。

YES.

### 💗 使うときのポイント

Sure.（もちろん）や Certainly.（もちろん）とほぼ同じ意味で、相手の依頼を快く引き受けたり、要求を受け入れるときのひとことです。You bet you.（口語ではYou betcha.ともつづります）ということもあります。また、Thank you. と言われたときの、You're welcome.（どういたしまして）に代わる言葉としても使われています。語尾を上げて発音すると、相手に「賭けるかい？」「本当かい？」と確認を求める表現になります。

### ◉ 使い方　こう言われたらこのフレーズで返します。

**❶ Could I borrow your phone?**
君の電話を借りていいですか？
» You bet.

**❷ Thanks for dinner!**
ディナーをごちそういただきありがとうございました！
» You bet.

**❸ Make sure you call me at 11:30.**
必ず11時半に電話してください。
» You bet.

**❹ Can you come home early tonight?**
今晩は早く帰ってこれる？
» You bet.

**❺ Would you like to go with us to Hawaii?**
ハワイに一緒に行きませんか？
» You bet.

**❻ Do you mind taking a look at this essay?**
このエッセーに目を通してくれる？
» You bet.

**❼ Tell Sam to check this report.**
サムにこの報告書をチェックするように言ってください。
» You bet.

**Track 53** 何かを許可したり、行動を促すときに

# Go ahead.
どうぞ。

## ❤ 使うときのポイント

「どうぞそうしてください」と相手に許可を与えたり、場合によっては行動を促す表現としても使われます。また、順番を譲る際に、「お先にどうぞ」と言う意味で使うこともできます。形は「命令」ですが、ぶっきらぼうな言い方というわけではなく、日常的によく使われます。ただし、使う状況と発音する声のトーンによって、「好きなようにすればいい」「どうだっていいよ」というネガティブなニュアンスになることもあります。

## ◉ 使い方　こう言われたらこのフレーズで返します。

**❶ Are you in line?**
並んでいますか？　　》Go ahead.

**❷ Can I use your computer?**
君のパソコンを使わせてもらってもいい？　　》Go ahead.

**❸ I'm having another cookie.**
もう1枚クッキーをもらいますね。　　》Go ahead.

**❹ Do you mind if I turn on the lights?**
明かりを点けてもいい？　　》Go ahead.

**❺ Should I call you tonight?**
今夜君に電話したほうがいいですか？　　》Go ahead.

**❻ Do you think I should make reservations?**
予約をしておいたほうがいいと思う？　　》Go ahead.

**❼ Would it be okay if my family came along with me?**
家族を連れてきてもいいですか？　　》Go ahead.

YES.

# Track 54

誘いや依頼に「もちろん！」と
やる気満々で答えたいとき

## » Of course!
もちろん！

YES.

### ♥ 使うときのポイント

相手の誘いに乗るときや、依頼を引き受けたり、相手の問いかけに対し自信を持って肯定するときの返答として使う表現です。使う状況、声のトーンによっては「当たり前だろ」という嫌味な言い方になったり、「わかりきったことを今さら聞くんじゃないよ」という冷ややかなニュアンスを含むこともあるので注意しましょう。ちなみに、誘いに乗ったり、依頼を引き受け取るときのより丁寧な表現に I'd be happy to. があります。

### ◉ 使い方　こう言われたらこのフレーズで返します。

**❶ Could you come over and help me unpack?**
こっちに来て、荷ほどきを手伝ってくれる？
　　» Of course!

**❷ Do you want to go to the concert with me?**
僕と一緒にコンサートへ行かない？
　　» Of course!

**❸ Could you teach my girlfriend English?**
僕の彼女に英語を教えてくれる？　» Of course!

**❹ Can you help me choose a good computer?**
いいパソコン選びを手伝ってくれない？
　　» Of course!

**❺ Can you help me carry my bags?**
僕のかばんを運ぶのを、手伝ってくれる？　» Of course!

**❻ Would you mind babysitting my daughter for me?**
うちの娘の子守りをしてくれませんか？
　　» Of course!

**❼ Would you mind watching my cat while I'm away?**
僕がいない間、うちの猫の面倒をみていただけますか？
　　» Of course!

# NO.
(いやだよ。)
の気持ちを伝える
とっさのひと言11フレーズ

英語ではYES／NOをはっきりと！
なんて教わった人もいるかもしれませんが、
実はネイティブも何かを断ったり否定するときまで、
はっきりものを言うわけではありません。
やんわりと断ったり、「気持ちはありがたいけど結構です」と
断ったり、意思表示をせずあいまいにしたり。
日本人の気持ちにフィットするNOの表現のほか、
きっぱり否定する「ありえない」などをご紹介します。

**Track 55** やんわりと否定したり、お断りしたいとき

# » Not really.
## そうでもないけど。

### ♡ 使うときのポイント

No. というひとことだけでは、強すぎる否定表現になってしまうことがあります。そのように言下に否定することはためらわれるとき、あるいは完全否定したくないとき、明確に答えたくないとき、くわしく答えるのが面倒なときなどに使う表現です。ネイティブがなんでもかんでも白黒はっきりさせる言葉づかいをするというのは大間違い。このように「あいまいな応答」もたくさんあります。Not exactly. と Not quite. もその例です。

### ◉ 使い方　こう言われたらこのフレーズで返します。

**❶ Don't you trust Sam?**
サムを信用してないの？
» **Not really.**

**❷ Sally said you're a great singer.**
サリーが君は歌がとてもうまいと言っていたよ。
» **Not really.**

**❸ Do you still play much tennis?**
今も、よくテニスをするの？
» **Not really.**

**❹ Have you ever considered writing a novel?**
小説を書こうと思ったことはありますか？
» **Not really.**

**❺ I heard you're good at public speaking.**
君は人前で話すのが得意だと聞いたよ。
» **Not really.**

**❻ Aren't you worried about what people will say?**
人が何て言うか気になりませんか？
» **Not really.**

**❼ You're a really amazing computer programer.**
君は本当にすばらしいコンピュータープログラマーですね。
» **Not really.**

Track 56

期待に反して否定したり
お断りしなくてはならないとき

# Actually, I don't.

実は〜ないんです／
実はそうでもないです。

## 💟 使うときのポイント

actually はすべての否定表現の前に使える単語ではありません。多くの場合、相手が Yes. という答えを期待しているにもかかわらず、No. と答えなければいけないときに活用されます。actually には、「実は……」という意味合いがあるので、単に I don't. と言うよりも、語気を和らげることができるのです。文頭の actually と似た働きのあるフレーズには、To tell the truth（実を言うと）や To be honest（正直に言うと）などがあります。

## 🔴 使い方　こう言われたらこのフレーズで返します。

❶ **Do you like to cook?**
料理は好きですか？
» Actually, I don't.

❷ **Do you read newspapers?**
新聞は読むの？
» Actually, I don't.

❸ **Do you often take naps?**
昼寝はよくしますか？
» Actually, I don't.

❹ **Do you remember Sally Black?**
サリー・ブラックを覚えてる？
» Actually, I don't.

❺ **Do you often travel abroad?**
よく海外旅行に行きますか？
» Actually, I don't.

❻ **Do you want to go see this concert?**
このコンサートを見に行きたいですか？
» Actually, I don't.

❼ **Do you really want to work for that company?**
本当にあの会社で働きたいですか？
» Actually, I don't.

**Track 57** 丁寧に否定したりお断わりしたいとき

# ≫ No, I'm okay.
## ううん、私は結構です。

### ❤ 使うときのポイント

これは状況によって大きく2つの意味になります。1つ目は、「体調悪いの?」などと心配して声をかけてくれた相手に対する「いや、大丈夫だよ」という返答です。もう1つは、申し出を断るときの「結構です」。No. だけで終わると冷たい言い方になってしまいますが、I'm okay. と続ければ、かなりソフトになります。日本語でも「結構です」の意味で「大丈夫です」と言うことがありますが、英語では I'm okay. だけではなく、No と一緒に使うことがポイントです。

### ◉ 使い方　こう言われたらこのフレーズで返します。

❶ **Are you tired?**
疲れた? ≫ **No, I'm okay.**

❷ **You should bring a sweater.**
セーターを持って行ったほうがいいですよ。 ≫ **No, I'm okay.**

❸ **Do you need another minute?**
もう少し時間が必要ですか? ≫ **No, I'm okay.**

❹ **I can take you to the hospital.**
病院に連れて行ってあげますよ。 ≫ **No, I'm okay.**

❺ **Can I help you with something?**
お手伝いしましょうか? ≫ **No, I'm okay.**

❻ **Would you like some more coffee?**
コーヒーのおかわりはいかがですか? ≫ **No, I'm okay.**

❼ **Do you want me to open a window?**
窓を開けましょうか? ≫ **No, I'm okay.**

**Track 58** 可能性の低い予想をやんわりと否定したいとき

# That's not likely.

それはないよ／それは嫌だな。

## 💗 使うときのポイント

可能性や実現性が低いことを意味して、「おそらくそうではないと思います」「たぶんそうはならないと思います」と伝えるときのフレーズです。似た意味を表す I doubt it. や I don't think that's going to happen. と比べると丁寧な表現なので、ビジネスシーンなどでも問題なく使えます。ちなみにlikelyは「ありそうな」という意味の形容詞で、(be) likely to ...（〜しそうである）という形でもよく使われます。

## 🔴 使い方　こう言われたらこのフレーズで返します。

**❶ I think Sam and Sally are friends.**
サムとサリーは友達だと思うよ。
》 That's not likely.

**❷ Do you think Sally will forgive him?**
サリーは彼を許すと思う？
》 That's not likely.

**❸ I wonder if Sam will ask her out.**
サムは彼女をデートに誘うかなあ。
》 That's not likely.

**❹ Sally thinks she failed her exam.**
サリーは自分は試験に落ちたと思っているよ。
》 That's not likely.

**❺ Sam could be our CEO's son.**
サムはうちのCEOの息子かもしれない。
》 That's not likely.

**❻ Sam wants to become the CEO by the time he's 25.**
サムは25歳までにCEOになりたいんだって。
》 That's not likely.

**❼ Sam said he saw an alien!**
サムがエイリアンを見たって！
》 That's not likely.

**Track 59** 気持ちはありがたいけどお断りしたいとき

# Thanks, but no thanks.
## ありがとう、でも結構です。

### ❤ 使うときのポイント

「断る」という行為はなかなか相手に気を遣うものですよね。日本語では「お気持ちはうれしいのですが……」と前置きしてから「遠慮しておきます」などと断ることがありますが、これはその英語バージョン。No thanks.（結構です）だけの響きに比べて、Thanks（ありがとう）と最初に述べている分、かなりソフトな印象になります。それでいながら断りたいという自分の気持ちははっきり相手に伝わります。

### ◎ 使い方　こう言われたらこのフレーズで返します。

❶ **Here, take my seat.**
どうぞ、こちらにおかけください。
》**Thanks, but no thanks.**

❷ **Can I get you anything?**
何かお持ちしましょうか？
》**Thanks, but no thanks.**

❸ **I'll make you some coffee.**
コーヒーをいれますね。
》**Thanks, but no thanks.**

❹ **Let's get a drink sometime.**
そのうち飲みに行きましょう。
》**Thanks, but no thanks.**

❺ **Do you need me to help you?**
手伝ってあげようか？
》**Thanks, but no thanks.**

❻ **Would you like some more wine?**
ワインのおかわりはいかがですか？
》**Thanks, but no thanks.**

❼ **You can have this book if you'd like.**
もしよければこの本をあげますよ。
》**Thanks, but no thanks.**

# Track 60 相手の話をぼんやりと否定したいとき

## » I guess not.
### 無理でしょうね／違うでしょうね。

### 💗 使うときのポイント

I guess not. はP.87の I guess (so). とは正反対の意味を持つ表現で、I guess (so). と同様、断定を避けたあいまいさを含んでいます。「そうじゃないと思う」「無理だろうね」「違うでしょうね」といった意味で、遠慮や不満、あきらめのニュアンスを含むこともしばしば。なお、相手が「〜ではないんでしょ?」と否定形で問いかけてきたときには、「そうだね」と同意を表す返答になります。

### 🔴 使い方　こう言われたらこのフレーズで返します。

❶ **There's no need to worry that much.**
そんなに心配する必要ないよ。
» **I guess not.**

❷ **Do you think we'll be able to get a taxi?**
タクシーを捕まえられるかなあ。
» **I guess not.**

❸ **Did you have to shout?**
大声を出す必要はあったの？
» **I guess not.**

❹ **Do you think you made the right choice?**
自分は正しい選択をしたと思う？
» **I guess not.**

❺ **It looks like we're not going to the park today.**
今日は公園に行くのは難しそうです。
» **I guess not.**

❻ **Do you think we'll get to the airport by 3:00?**
3時までに空港に到着できると思う？
» **I guess not.**

❼ **Will we finish tonight?**
今夜中に終わるかな？
» **I guess not.**

**Track 61**

「残念ながら」という気持ちを込めて
否定したりお断りしたいとき

# » I'm afraid not.

そうは思いません／できないと思います。

## ❤ 使うときのポイント

P.55の I'm afraid so. と真逆の表現です。単に No.(ありません／だめです) と断ったり、否定すると強すぎるときに、「残念ですが」という気持ちを込めることで、ソフトに伝えることができます。ちなみに、afraid には「恐れて」という意味もあり、I'm not afraid. と言ってしまうと、「私は恐れていません」という意味になるので、注意しましょう。

## ◉ 使い方　こう言われたらこのフレーズで返します。

**❶ Have you seen my wallet?**
僕の財布見なかった？
» I'm afraid not.

**❷ Is it going to be sunny tomorrow?**
明日は晴れる？
» I'm afraid not.

**❸ Do you think Sam will come with us?**
サムは一緒に来れると思う？
» I'm afraid not.

**❹ Can I use your dictionary?**
君の辞書を使ってもいい？
» I'm afraid not.

**❺ Can you join us on the tour tomorrow?**
明日のツアーに一緒に行けますか？
» I'm afraid not.

**❻ Are you available this afternoon?**
今日の午後は空いていますか？
» I'm afraid not.

**❼ Are there any cupcakes left?**
カップケーキは残っていますか？
» I'm afraid not.

**Track 62** 「絶対ありえない！」と強く否定したいとき

# When pigs fly.
絶対にないよ。

## ❤ 使うときのポイント

「豚が空を飛んだら」とは、どういうことでしょうか。実は、これは慣用句で「絶対にありえない」という意味を表します。豚が空を飛ぶなんてありえない話なので、「奇跡でも起きない限り」というニュアンスで使われます。日本語の「ないない！」に近いくだけた感じの言い方ですが、相手の訴えや要求などを却下する際、ときどきはこのようなユーモアのある表現も使ってみてください。

## ◉ 使い方　こう言われたらこのフレーズで返します。

**❶ Could I read the e-mail you got from Sally?**
君がサリーから受け取ったメールを読んでもいい？
≫ When pigs fly.

**❷ I hope the museum lets us in for free.**
美術館が無料だったらいいのに。
≫ When pigs fly.

**❸ How about going by motorcycle?**
オートバイで行くのはどう？
≫ When pigs fly.

**❹ When are you going to lend me your car?**
いつ君の車を貸してくれるの？
≫ When pigs fly.

**❺ If I save money, I'll be able to buy this car.**
もし貯金をしたら、この車が買えるね。
≫ When pigs fly.

**❻ Do you want to be a politician?**
政治家になりたいの？
≫ When pigs fly.

**❼ Do you think that Sam will be the next president?**
サムは次期大統領になれると思う？
≫ When pigs fly.

**Track 63** 疑われて「私じゃない！」と否定したいとき

# » Don't look at me.
## 私のせいじゃないよ。

### 💗 使うときのポイント

Don't look at me. は、そのまま訳すと「私を見ないで」ですが、転じて「私を責めないで」「私じゃないよ」「私のせいにしたいわけ？」といった意味になります。このフレーズが使われる典型的なシチュエーションとしては、何か問題が発生し、Who did it?（誰がやった？）と問いかけられたときに、周りの視線を感じ、「ちょっと、私じゃないからね」と訴えるというもの。少し高度な表現ですが、映画やドラマなどで使われていないかぜひ注目してみてください。

### ● 使い方　こう言われたらこのフレーズで返します。

**❶ Who put salt in my coffee?**
誰が僕のコーヒーに塩を入れたの？
　　» Don't look at me.

**❷ Did you leave the window open?**
君が窓を開けっ放しにしたの？
　　» Don't look at me.

**❸ Who ate my lunch?**
僕のランチを食べたのは誰？
　　» Don't look at me.

**❹ Someone has been using my camera.**
誰かが僕のカメラを使っている。
　　» Don't look at me.

**❺ There are dirty footprints everywhere!**
汚れた足跡があちこちにあるよ！
　　» Don't look at me.

**❻ Oh, no! Someone broke my computer!**
ひどい！誰かが僕のパソコンを壊したよ！
　　» Don't look at me.

**❼ Who wants to give the opening speech?**
誰か開会のあいさつをしたい人はいますか？
　　» Don't look at me.

**Track 64**

「ちょっと違うんだよね」というニュアンスで否定したいとき

## » Not quite.
もうちょっと。

### 💗 使うときのポイント

「もう少し」「ほとんど」というポジティブな訳があてられる Almost. とほぼ同じ意味ですが、Not quite. のほうがネガティブなニュアンスがやや強くなります。そのため、「まだ〜ではない」という訳が適切な場合もあります。また、相手の発言がまったく見当違いだと思ったときなどに、「そうでもないよ」と皮肉を込めた言い回しとして使われることもあります。

### ⦿ 使い方　こう言われたらこのフレーズで返します。

❶ **I think the answer is 17.**
答えは17かな？
» **Not quite.**

❷ **Did you and Sally meet in college?**
君とサリーは大学で出会ったの？
» **Not quite.**

❸ **Have you finished reading that book?**
その本は読み終わったの？
» **Not quite.**

❹ **I'm the only person you told, right?**
僕にしか話していないんだよね？
» **Not quite.**

❺ **Did Sam make it through to the finals?**
サムは決勝戦に進んだの？
» **Not quite.**

❻ **I'm sure everything turned out fine!**
すべてうまくいくに決まってる！
» **Not quite.**

❼ **Are you 180 centimeters tall?**
君の身長は180センチですか？
» **Not quite.**

## Track 65 「私だったらしない」という否定的な意見を言いたいとき

# » I wouldn't.
### 私だったらしないな。

### ❤ 使うときのポイント

I wouldn't do that. を短くしたこの表現は、「〜しようと思ってるんだけど、どう思う?」と、意見を求められたときによく使われます。その意味は「私だったらそうしない」です。would を使った仮定法の文で、「私があなたの立場だったらそうしない」という意味を作っています。この仮定的な意味を伴う would をマスターするのはなかなか難しいものですが、よく使われるので、would を見聞きしたらまず仮定法を疑ってみるといいでしょう。

### ◉ 使い方　こう言われたらこのフレーズで返します。

**1** Should I sell my car?
車を売るべきかなあ?
» I wouldn't.

**2** I'm going to eat this whole pizza.
このピザ丸々食べるよ。
» I wouldn't.

**3** Do you think I need to lose weight?
僕、やせたほうがいいと思う?
» I wouldn't.

**4** I'm thinking about changing my job.
転職しようかと思っているんだ。
» I wouldn't.

**5** Do you think I should buy a new car?
車を買うべきだと思う?
» I wouldn't.

**6** Is it okay to wear these shoes when hiking?
ハイキングにこの靴を履いて行ってもいい?
» I wouldn't.

**7** I'm going to go drinking tonight.
今夜は飲みに行きます。
» I wouldn't.

# MAYBE.
## (たぶん。)
### の気持ちを伝える
### とっさのひと言10フレーズ

「まあね」「たぶんね」「どうかな?」など、日本語では
使い分けているあいまいな返事、英語では全部MAYBEで
済ませていませんか?
このMAYBE、実は英語にもニュアンスごとに違う表現が
あるんです。YesでもNoでもない場合や、
ややYesよりの「そうかもね」、うやむやに答える「どうかな?」、
よくわからないと伝える「さあ……」などの、
微妙に違うフレーズをチェックして。

## Track 66 問いかけにYesでもNoでもなく「そうかもね」と伝えたいとき

# » Maybe.

### 微妙だね／そうかもね。

### ♥ 使うときのポイント

相手からの問いかけに対して「たぶんね」と応じる表現です。Maybe. は日本人が多用しがちな表現なので、近いニュアンスの I guess.(P.87を参照) や Probably. なども一緒に覚えましょう。これらの細かい使い方の違いはあまり気にしなくても大丈夫ですが、Probably. は、「残念ながらそうでしょうね」のように、比較的ネガティブなニュアンスで用いられることが多い表現ではあります。P.88の Maybe yes, maybe no. も併せてチェックしてください。

### ◉ 使い方　こう言われたらこのフレーズで返します。

**❶ Do you think she's telling the truth?**
彼女は本当のことを言っていると思う？
» Maybe.

**❷ I wonder if he'll pass his college tests.**
彼は大学受験に合格できるかなあ。
» Maybe.

**❸ She looks like she's in her late 30s.**
彼女は30代後半に見えるね。
» Maybe.

**❹ If we leave now, maybe no one will notice.**
今帰っても、きっと誰も気が付かないよ。
» Maybe.

**❺ Was that girl who just passed us a model?**
今通り過ぎていった女の子はモデルかなあ？
» Maybe.

**❻ Is Sam tall enough to ride the roller coasters?**
サムの身長でジェットコースターに乗れるかな？
» Maybe.

**❼ Do you think he likes sweets?**
彼は甘いものが好きだと思う？
» Maybe.

# Track 67 ややYesよりに「そうかもね」と伝えたいとき

## » I guess.
### たぶんね／まあ、そうだね。

MAYBE.

### ♡ 使うときのポイント

「たぶんね」「そのようだね」という意味の表現です。I guess so. とも言います。肯定を表す返答ですが、その度合いはあまり高くなく、相手の問いに明確に答えられないとき、あるいは断定を避けたいときによく使います。同じように軽い肯定を表す返答として、I think so.（そう思います）や I suppose so.（そうだろうと思います）という表現がありますが、肯定の度合いとしては、高いほうから順に、I think so. → I suppose so. → I guess so. となります。

### ● 使い方　こう言われたらこのフレーズで返します。

**❶ Everything will turn out alright.**
すべてうまくいくさ。
» I guess.

**❷ Do you want to go hiking with me?**
一緒にハイキングに行かない？
» I guess.

**❸ Golf is a really good way to exercise.**
ゴルフはいい運動になるよ。
» I guess.

**❹ Do you mind if I leave a little early today?**
今日は少し早めに帰ってもいいですか？
» I guess.

**❺ Should we throw out these old newspapers?**
この古新聞は捨てたほうがいいかな？
» I guess.

**❻ Would you like to sit by the window?**
窓側の席に座りたいですか？
» I guess.

**❼ Can you finish putting up the decorations by tonight?**
今夜中に飾り付けを終えられますか？
» I guess.

**Track 68** はっきりしないでうやむやに返事をしたいとき

# » Maybe yes, maybe no.
## どっちかわからないな。

### 💗 使うときのポイント

簡単に言うと、Maybe. のロングバージョンです。はっきりとした返事ができない、あるいはあいまいにしておきたいときの返答です。I can't say yes or no. とも言えます。さらに、ビジネス向けなら、I can't give you a definite answer. などがおすすめです。ちなみに、同じく「たぶんね」という意味の Perhaps. は、実現の可能性が Maybe. より低いときに使われる傾向があります。そしてその Perhaps. よりさらに低いのが Possibly. です。

### 🔴 使い方　こう言われたらこのフレーズで返します。

❶ **Can we go to Paris on our trip?**
旅行の行先にパリはどう？
　　　　　　　　　　　　　　　　» **Maybe yes, maybe no.**

❷ **Do you think the party will be interesting?**
おもしろいパーティになりそうですか？
　　　　　　　　　　　　　　　　» **Maybe yes, maybe no.**

❸ **Is everybody in your family tall?**
君の家族は全員背が高いの？
　　　　　　　　　　» **Maybe yes, maybe no.**

❹ **You don't think Sally will cancel again, do you?**
サリーがまたキャンセルするなんてことはないよね？
　　　　　　　　　　　　　　　　» **Maybe yes, maybe no.**

❺ **Will you be able to get time off around Christmas?**
クリスマスの前後でお休みを取ることはできますか？
　　　　　　　　　　　　　　　　» **Maybe yes, maybe no.**

❻ **Do you think Sam will like this radio-controlled car?**
サムはこのラジコンカーを気に入ると思う？
　　　　　　　　　　　　　　　　» **Maybe yes, maybe no.**

❼ **Is there a chance the factory will stay open?**
工場が閉鎖されない可能性はあるの？
　　　　　　　　　　　　　　　　» **Maybe yes, maybe no.**

# Track 69

肯定も否定もせず「そうかもね」と伝えたいとき

## » Could be.

そうかもね。

### 💗 使うときのポイント

ポイントは、この could は can の過去形ではなく、可能性や推量を表す could ということ。よって、P.86 で取り上げた Maybe. に近い表現となります。相手の発言について、「そうかもしれないね」とコメントするひとことです。「賛成」とも「反対」とも言い切らないので、この表現には対立を避けるためにとりあえず「無難」な言葉で相づちを打っておこうというもくろみが見え隠れすることも。

### ⭕ 使い方　こう言われたらこのフレーズで返します。

**❶ Are we lost?**
僕たち迷ったの？
» **Could be.**

**❷ Is Sally moving to Paris?**
サリーはパリに引っ越すの？
» **Could be.**

**❸ Is Sam drunk again?**
サムはまた酔ってるの？
» **Could be.**

**❹ Is Sam still in the office?**
サムはまだオフィスにいる？
» **Could be.**

**❺ Do you think Sally is too thin?**
サリーはやせ過ぎだと思う？
» **Could be.**

**❻ Were those fireworks just now?**
今の音は花火かな？
» **Could be.**

**❼ Do you know if it's snowing now?**
今、雪が降っているかどうかわかる？
» **Could be.**

## Track 70

「やれるだけやる」という気持ちで
「そうですね」と伝えたいとき

# » I'll see what I can do.
### できることをやってみます。

MAYBE.

### ❤ 使うときのポイント

依頼や要望を受けて、「できる限りやってみます」と伝えるひとことです。特に何か「約束」をしているわけではありませんが、相手にポジティブな印象を残すことができます。ただし、裏を返すと「自分ができる範囲以上のことはやらない」「やるだけやりますが、あまり期待しないで」という意味にとらえられることも。上司や顧客に対して使うと、後者の意味になりがちなので、注意しましょう。

### ◉ 使い方　こう言われたらこのフレーズで返します。

**❶ Would you translate this speech?**
この演説を訳してくれますか？
　　» I'll see what I can do.

**❷ Can you make me a sandwich with no onions?**
玉ねぎ抜きで、サンドウィッチを作ってくれる？
　　» I'll see what I can do.

**❸ Can you give me your report by Tuesday?**
火曜日までに報告書を提出できますか？
　　» I'll see what I can do.

**❹ Is it too late to change my flight date to August 13?**
8月13日の便に変更するには遅すぎますか？
　　» I'll see what I can do.

**❺ Could you send me another copy of the receipt?**
このレシートのコピーを1部送っていただけますか？
　　» I'll see what I can do.

**❻ Do you know anybody who can fix this computer?**
このパソコンを直せる人を知りませんか？
　　» I'll see what I can do.

**❼ We need someone to make a list.**
誰かにリストを作ってもらわなくちゃいけないね。
　　» I'll see what I can do.

# Track 71

完全に肯定も否定もせず「それはどうかな」と疑問を投げかけたいとき

## » You never know.

### さてどうかな／どうなるかなんてわからないよ。

#### 💗 使うときのポイント

You never know until the end.（最後になってみないとわからない）、あるいは、You never know what'll happen.（何が起こるかわかりませんよ）を短くしたもので、「『絶対』なんてない」「どうなるかわからない」という意味になります。I'll never win.（勝てっこない）とネガティブになっている相手にこう言えば、「そんなことはないさ」という励ましになり、I'll never lose.（絶対負けない）と自信たっぷりの相手には「負けるかもよ」という警告になります。

#### 🔴 使い方　こう言われたらこのフレーズで返します。

**❶ I wonder if I'll win the prize...**
入賞するかなあ……。
» You never know.

**❷ There's no way I passed that exam.**
僕があの試験に合格できるはずがないよ。
» You never know.

**❸ Maybe there'll be a hotel near the airport.**
空港の近くにホテルがあるかもしれないよ。
» You never know.

**❹ I sure hope the Giants win their next game.**
次の試合ではジャイアンツが勝つといいなあ。
» You never know.

**❺ Do you think Sam and Sally will get married?**
サムとサリーは結婚すると思う？
» You never know.

**❻ The beach is going to be really crowded today.**
今日のビーチは混み合うよ。
» You never know.

**❼ It would be great if Sally became our new manager.**
サリーが新しい部長になればいいのに。
» You never know.

**Track 72** 自分はよくわからないから「どうでしょう」とうまく流したいとき

# » It's hard to say.

さあ、何て言ったらいいのか。

MAYBE.

### ♥ 使うときのポイント

直訳は「言うことが難しい」。つまり、「何とも言えない」「何と言ったらいいかわからない」という意味で用いられます。「状況をしっかり把握できていないので、断言できない」といったときなどに便利な表現です。なお、This is hard (for me) to say. になると、まったく話が違ってきます。こちらは、「ちょっと言いにくいんだけど」という意味で、こう話を切り出されたら、「いい話ではない」と思って間違いないでしょう。

### ◉ 使い方　こう言われたらこのフレーズで返します。

**❶ Will we win the game?**
試合に勝てるかなあ？
　　　　　　　　　　　　　　　» It's hard to say.

**❷ How many people are going to the party?**
パーティには何人来るんですか？
　　　　　　　　　　　　　　　» It's hard to say.

**❸ Why was Sally so sad yesterday?**
どうして昨日、サリーはあんなに落ち込んでいたの？
　　　　　　　　　　　　　　　» It's hard to say.

**❹ When do you think the bus will get here?**
ここにバスが到着するのは何時だと思う？
　　　　　　　　　　　　　　　» It's hard to say.

**❺ Do you think this project will succeed?**
このプロジェクトは成功すると思う？
　　　　　　　　　　　　　　　» It's hard to say.

**❻ What's the best way to get to the train station?**
駅への一番いい行き方は何ですか？
　　　　　　　　　　　　　　　» It's hard to say.

**❼ I wonder if she'll change her mind.**
彼女の気持ちは変わるかなあ。
　　　　　　　　　　　　　　　» It's hard to say.

## Track 73

「そうだといいけど」という気持ちで
「そうですね」と伝えたいとき

## » Hopefully.
そうだといいんだけど。

### ♡ 使うときのポイント

この表現は相手からの問いかけに対して「そうだといいですね」と返答するときに使います。多くの場合、I hope so. とも言い換えられます。この Hopefully. の使い方は比較的新しいもので、この用法を文法的に正しくないとするネイティブもいますが、会話では日常的に使われています。本来の意味である「希望を持って」の使い方の例は、He was waiting hopefully for her to come.（彼は彼女がくるのを期待して待っていた）となります。

### ◉ 使い方　こう言われたらこのフレーズで返します。

**❶ Is this the right address?**
このアドレスは合ってる？
» Hopefully.

**❷ Does this radio still work?**
このラジオはまだ動くの？
» Hopefully.

**❸ I wonder if we'll make our flight.**
私たちが乗る便に間に合うかなあ。
» Hopefully.

**❹ Will you be able to come on Friday?**
金曜日は来られますか？
» Hopefully.

**❺ Do you think she's telling the truth?**
彼女は本当のことを言ってると思う？
» Hopefully.

**❻ Did we buy enough snacks for the party?**
パーティ用のお菓子は十分買ってありますか？
» Hopefully.

**❼ This plan looks good, but can we really do it?**
これはとてもいい企画だと思うけど、本当に実行できるかなあ。
» Hopefully.

**Track 74**

ネガティブな予想に肯定も否定もせず
前向きな言葉を返したいとき

# » Let's hope not.
## そうではないことを祈りましょう。

MAYBE.

### ❤ 使うときのポイント

not の位置に注意しましょう。これは、「そうでないことを祈りましょう」という意味なので、必ず誰かが言った「ネガティブな考えや予測」に対して使われる表現です。反対に「そう祈りましょう」なら、Let's hope so. となります。このように、ネガティブなコメントに対して「否定」も「肯定」もしたくないときに、「祈りましょう」と受け流すことができたら英語上級者といえるでしょう。

### ⦿ 使い方　こう言われたらこのフレーズで返します。

❶ **This car looks like it's going to break down soon.**
この車は今にも壊れそうだね。
　　» Let's hope not.

❷ **It's going to be impossible to find them.**
彼らを見つけるのは不可能になるよ。
　　» Let's hope not.

❸ **We might have to work on the weekend.**
週末も仕事をしないといけないかも。
　　» Let's hope not.

❹ **Does Sally have a boyfriend?**
サリーは彼氏がいるの？
　　» Let's hope not.

❺ **It's going to rain this afternoon for sure.**
今日の午後は確実に雨だよ。
　　» Let's hope not.

❻ **You might need to buy some expensive parts.**
高価な部品を買わなきゃいけないかもしれないよ。
　　» Let's hope not.

❼ **It's kind of cloudy today. Do you think it'll snow?**
今日はちょっと曇ってるね。雪が降ると思う？
　　» Let's hope not.

## Track 75 「あなたが決めて」と決断を委ねたいとき

# » It's up to you.
### あなたに任せるよ／あなた次第だよ。

### 💗 使うときのポイント

It's up to you. は、「あなたが決めて」「あなた次第ですよ」という意味で、優柔不断な人にぜひ覚えておいてほしいフレーズです。もちろん、「好きにしていいよ」と、好意で決定権を譲るときにも使えます。It's を省いた Up to you. もよく使われます。類似表現には、It depends on you.(それはあなた次第です) や The choice is yours.(選択するのはあなたです)、慣用表現の The ball is in your court.(次はあなたが決断するときだ) などがあります。

### ⭕ 使い方　こう言われたらこのフレーズで返します。

**❶ Should I dye my hair?**
髪を染めたほうがいいかな？
» It's up to you.

**❷ What should I bring on the trip?**
旅行に何を持っていけばいい？
» It's up to you.

**❸ How long should we wait here?**
ここでどれくらい待たなきゃいけないの？
» It's up to you.

**❹ Where should we put this table?**
このテーブルはどこに置こうか？
» It's up to you.

**❺ What should we do on the weekend?**
週末は何をしようか？
» It's up to you.

**❻ When should I start my presentation?**
いつ僕のプレゼンを始めればいいですか？
» It's up to you.

**❼ Do you think we should move to a different hotel?**
別のホテルに変えるべきだと思う？
» It's up to you.

# Check Test

この本では、とっさに使える75の
フレーズを紹介しました。
ここでは、実際に使えるかどうか、
チェックしましょう。

問題は2択。
本文で紹介した例文がランダムで登場するので、
こう言われたときに、とっさにどう返せばいいか
難しく考えずにクイズ感覚で挑戦しましょう。

実際の会話をイメージして、
反射的に声に出して答えていくようにすると、
とっさに使える会話力がより確実に身につきます。

答えは、各ページの下部にあります。

間違えてしまったものや
とっさに出てこなかったフレーズは、
本文の該当ページに戻って、使い方を確認しましょう。
また、CDも併せて聞くと、より一層効果的です。

# Check Testの使い方

### 📄 Check test 1

次の英語を言われたとき、
とっさに英語でどう返したら良いでしょうか？
aとbのうち最適と思われるほうを選んでみてください。

**Q1** Can I ask you one more question?
　　もう1つ質問してもいい？
　≫ a. Now what?　　　　b. Yeah, I know.　　Answer ☐

**Q2** Can you believe it? I passed the audition!
　　信じられる？ オーディションに合格したんだ！
　≫ a. That was close!　　b. That's great!　　Answer ☐

**Q3** Could you come over and help me unpack?
　　こっちに来て、荷ほどきを手伝ってくれる？
　≫ a. Of course!　　　　b. It's up to you.　　Answer ☐

**Q4** This credit card is not working.
　　このクレジットカードは使えません。
　≫ a. Give me a break!　　b. It was terrible.　　Answer ☐

**Q5** Do you think we'll be able to get a taxi?
　　タクシーを捕まえられるかなあ。
　≫ a. I guess not.　　　　b. Oh, that's nice.　　Answer ☐

**Q6** My cell phone broke.
　　僕の携帯電話が壊れてしまった。
　≫ a. What happened?　　b. You bet.　　Answer ☐

**Q7** Is it too late to change my flight date to August 13?
　　8月13日の便に変更するには遅すぎますか？
　≫ a. I'll see what I can do.　　b. You got to be kidding.　　Answer ☐

Answer　Q1 a　Q2 b　Q3 a　Q4 a　Q5 a　Q6 a　Q7 a
　　　　P27へ　P43へ　P72へ　P19へ　P79へ　P24へ　P90へ

---

**1 問題**
本文の「使い方」で紹介した英文がランダムに登場します。英文の下の日本語訳を確認しながら、こう言われた時にどう返せばいいかイメージしてみましょう。

**2 チェックボックス**
問題に正解したかどうかなど、チェックしておくと便利です。

**3 回答ボックス**
答えを記入するためのボックスです。繰り返し使いたい方は、このページをコピーしたり、ノートに答えを書くなど、自分なりにアレンジして使ってください。

**4 回答**
回答はaとbのどちらかを選ぶ2択式。選ぶ際、実際の会話をイメージして、英文を声に出して答えていくようにすると、とっさに使える会話力がより確実に身につきます。

**5 Answer**
答えをチェックします。シンプルにaかbかが示されています。

**6 参照ページ**
答えの下にはこの例文とフレーズが紹介されているページが示されていますので、間違えてしまったものや自信がないものについてはこのページを参照して確認しましょう。

## さあ、さっそく挑戦してみましょう！ »

# 📄 Check test 1

次の英語を言われたとき、
とっさに英語でどう返したら良いでしょうか?
a と b のうち最適と思われるほうを選んでみてください。

---

**Q1** Can I ask you one more question?
  もう1つ質問してもいい?
  ≫ a. Now what?    ≫ b. Yeah, I know.    Answer

**Q2** Can you believe it? I passed the audition!
  信じられる? オーディションに合格したんだ!
  ≫ a. That was close!    ≫ b. That's great!    Answer

**Q3** Could you come over and help me unpack?
  こっちに来て、荷ほどきを手伝ってくれる?
  ≫ a. Of course!    ≫ b. It's up to you.    Answer

**Q4** This credit card is not working.
  このクレジットカードは使えません。
  ≫ a. Give me a break!    ≫ b. It was terrible.    Answer

**Q5** Do you think we'll be able to get a taxi?
  タクシーを捕まえられるかなあ。
  ≫ a. I guess not.    ≫ b. Oh, that's nice.    Answer

**Q6** My cell phone broke.
  僕の携帯電話が壊れてしまった。
  ≫ a. What happened?    ≫ b. You bet.    Answer

**Q7** Is it too late to change my flight date to August 13?
  8月13日の便に変更するには遅すぎますか?
  ≫ a. I'll see what I can do.    ≫ b. You got to be kidding.    Answer

---

**Answer**  Q1 a (P27へ)  Q2 b (P43へ)  Q3 a (P72へ)  Q4 a (P19へ)  Q5 a (P79へ)  Q6 a (P24へ)  Q7 a (P90へ)

# 📄 Check test 2

次の英語を言われたとき、
とっさに英語でどう返したら良いでしょうか?
a と b のうち最適と思われるほうを選んでみてください。

---

**Q1** My dog ate my homework, I swear!
うちの犬が宿題を食べちゃったんだ、本当だよ!
≫ a. Not quite.　　≫ b. Give me a break!
Answer ☐

**Q2** There's no way I passed that exam.
僕があの試験に合格できるはずがないよ。
≫ a. Not very good.　　≫ b. You never know.
Answer ☐

**Q3** This building is over a thousand-years old.
この建物は千年以上も前に建てられたものなんだってさ。
≫ a. Seriously?　　≫ b. I guess not.
Answer ☐

**Q4** I watched a sad show last night.
昨日の夜、すごく悲しい番組を見たんだ。
≫ a. What about?　　≫ b. It happens.
Answer ☐

**Q5** Do you really think I look okay?
本当に私の見た目大丈夫だと思う?
≫ a. I swear.　　≫ b. It was terrible.
Answer ☐

**Q6** The game tickets are all sold out.
その試合のチケットは売り切れです。
≫ a. That's unfortunate.　　≫ b. That's for sure.
Answer ☐

**Q7** It's kind of cloudy today. Do you think it'll snow?
今日はちょっと曇ってるね。雪が降ると思う?
≫ a. Let's hope not.　　≫ b. Give me a break!
Answer ☐

---

Answer　**Q1** b　**Q2** b　**Q3** a　**Q4** a　**Q5** a　**Q6** a　**Q7** a
　　　　P19へ　P91へ　P15へ　P25へ　P66へ　P59へ　P94へ

# 📄 Check test 3

次の英語を言われたとき、
とっさに英語でどう返したら良いでしょうか?
aとbのうち最適と思われるほうを選んでみてください。

---

**Q1** Oh, no! Someone broke my computer!
ひどい！ 誰かが僕のパソコンを壊したよ！
» a. Don't look at me.　　» b. Of course!　　Answer

**Q2** Hey, how's it going?
ねえ、元気?
» a. So far, so good.　　» b. Maybe.　　Answer

**Q3** I forgot the tickets! Oh, wait! Here they are.
チケット忘れた！ あ、待って！ 見つけた。
» a. That was close!　　» b. Don't look at me.　　Answer

**Q4** Thanks for dinner!
ディナーをごちそういただきありがとうございました！
» a. What about?　　» b. You bet.　　Answer

**Q5** Did Sam really sell his car?
サムは本当に車を売ったの?
» a. That's what I heard.　　» b. I knew it.　　Answer

**Q6** I borrowed 10,000 yen from your wallet.
君の財布から1万円借りたよ。
» a. Thanks, but no thanks.　　» b. I'm sorry?　　Answer

**Q7** I didn't expect to see you at the party.
パーティであなたにお会いするとは思いませんでした。
» a. Yeah, I know.　　» b. That's what I heard.　　Answer

---

Answer　**Q1** a　**Q2** a　**Q3** a　**Q4** b　**Q5** a　**Q6** b　**Q7** a
　　　　P82へ　P44へ　P20へ　P70へ　P69へ　P30へ　P33へ

100

# 📄 Check test 4

次の英語を言われたとき、
とっさに英語でどう返したら良いでしょうか？
**a**と**b**のうち最適と思われるほうを選んでみてください。

---

**Q1** I want to show you something special.
君に特別なものを見せてあげるよ。
≫ **a.** Nice one!　　　　≫ **b.** What is it?
Answer

**Q2** Where should we put this table?
このテーブルはどこに置こうか？
≫ **a.** It's up to you.　　　　≫ **b.** Be my guest.
Answer

**Q3** We won five times and lost three times.
5勝3敗でした。
≫ **a.** Way to go!　　　　≫ **b.** Not bad.
Answer

**Q4** We got front-row seats!
前列シートを取ったよ！
≫ **a.** Nice one!　　　　≫ **b.** Could be.
Answer

**Q5** Do you think Sally will forgive him?
サリーは彼を許すと思う？
≫ **a.** No sweat.　　　　≫ **b.** That's not likely.
Answer

**Q6** How was last night's musical?
昨日の夜のミュージカルはどうだった？
≫ **a.** It was terrible.　　　　≫ **b.** When pigs fly.
Answer

**Q7** When do you think the bus will get here?
ここにバスが到着するのは何時だと思う？
≫ **a.** It's hard to say.　　　　≫ **b.** That's good to know.
Answer

---

Answer　**Q1** b　**Q2** a　**Q3** b　**Q4** a　**Q5** b　**Q6** a　**Q7** a
　　　　P26へ　P95へ　P42へ　P49へ　P77へ　P54へ　P92へ

# 📄 Check test 5

次の英語を言われたとき、
とっさに英語でどう返したら良いでしょうか？
**a**と**b**のうち最適と思われるほうを選んでみてください。

---

**Q1** Do I really have to go to the dentist?
本当に歯医者に診てもらわなきゃだめ？
- a. Not bad.
- b. I'm afraid so.

Answer

**Q2** I bought a nice shirt on sale.
セールでいいシャツを買いました。
- a. Nice one!
- b. Go ahead.

Answer

**Q3** I can take you to the hospital.
病院に連れて行ってあげますよ。
- a. No, I'm okay.
- b. I guess.

Answer

**Q4** The toilet is broken. Sorry.
このトイレは故障しています。申し訳ありません。
- a. Poor thing.
- b. You got to be kidding.

Answer

**Q5** I hurt my toe!
（ぶつけて）つま先が痛い！
- a. Not really.
- b. It happens.

Answer

**Q6** Are you available this afternoon?
今日の午後は空いていますか？
- a. I'm afraid not.
- b. Seriously?

Answer

**Q7** Does this bus go downtown?
このバスは都心に行きますか？
- a. Actually, I don't.
- b. Yes, that's right.

Answer

---

Answer   **Q1** b   **Q2** a   **Q3** a   **Q4** b   **Q5** b   **Q6** a   **Q7** b
P55へ   P49へ   P76へ   P18へ   P39へ   P80へ   P63へ

102

# 📄 Check test 6

次の英語を言われたとき、
とっさに英語でどう返したら良いでしょうか?
aとbのうち最適と思われるほうを選んでみてください。

---

**Q1** Sally met the President.
サリーは大統領に会ったんだ。
» a. Good point.　　» b. Say what?　　Answer

**Q2** I got the apartment I wanted!
希望のアパートを手に入れたよ!
» a. Way to go!　　» b. How disgusting!　　Answer

**Q3** Why don't we take tomorrow off and relax?
明日は休んでゆっくりしようよ?
» a. Yes, that's right.　　» b. Sounds like a plan.　　Answer

**Q4** My roommate never washes his dishes!
ルームメイトが全然皿を洗ってくれないんだ!
» a. That's not likely.　　» b. That sucks.　　Answer

**Q5** Will you be able to get time off around Christmas?
クリスマスの前後でお休みを取ることはできますか?
» a. That's great!　　» b. Maybe yes, maybe no.　　Answer

**Q6** I run in the park to stay away from cars.
車を避けるために、公園内を走っています。
» a. That makes sense.　　» b. That's unfortunate.　　Answer

**Q7** This surgery works 99 percent of the time.
この手術は99パーセントうまくいきます。
» a. Just my luck.　　» b. That's good to know.　　Answer

---

**Answer**　**Q1** b　**Q2** a　**Q3** b　**Q4** b　**Q5** b　**Q6** a　**Q7** b
　　　　　　P29へ　P50へ　P46へ　P58へ　P88へ　P40へ　P45へ

# Check test 7

次の英語を言われたとき、
とっさに英語でどう返したら良いでしょうか?
aとbのうち最適と思われるほうを選んでみてください。

---

**Q1** Your friend is an amazing cook.
あなたの友達は料理がとても上手ですね。
≫ a. What is it?    ≫ b. That's for sure.    Answer

**Q2** No one was hurt in the accident.
その事故によるけが人はいませんでした。
≫ a. I'm glad to hear that.    ≫ b. That's too bad.    Answer

**Q3** Sam makes all of his own clothes.
サムは自分の服をすべて手作りしてるんだ。
≫ a. Let's hope not.    ≫ b. That's neat.    Answer

**Q4** Sally is pregnant.
サリーは妊娠しているんだ。
≫ a. I knew it.    ≫ b. What about?    Answer

**Q5** The teacher is really kind.
あの先生はとても親切です。
≫ a. That's good to know.    ≫ b. That sucks.    Answer

**Q6** I found a dollar!
1ドル見つけた!
≫ a. That's what I heard.    ≫ b. Big deal.    Answer

**Q7** Would you like some more wine?
ワインのおかわりはいかがですか?
≫ a. Thanks, but no thanks.    ≫ b. Big deal.    Answer

---

Answer  **Q1** b [P68へ]  **Q2** a [P37へ]  **Q3** b [P48へ]  **Q4** a [P36へ]  **Q5** a [P45へ]  **Q6** b [P38へ]  **Q7** a [P78へ]

# 📄 Check test 8

次の英語を言われたとき、
とっさに英語でどう返したら良いでしょうか？
aとbのうち最適と思われるほうを選んでみてください。

---

**Q1** I'm having another cookie.
もう1枚クッキーをもらいますね。
» a. Say what?    » b. Go ahead.
Answer

**Q2** I can't find my passport anywhere!
僕のパスポートがどこにもないんです！
» a. Maybe yes, maybe no.    » b. Oh, no!
Answer

**Q3** Is it okay if my son plays here?
僕の息子をここで遊ばせてもいいですか？
» a. Be my guest.    » b. Oh, no!
Answer

**Q4** How's college?
大学はどう？
» a. So what?    » b. Not bad.
Answer

**Q5** Sally lost an earring.
サリーがイヤリングを1つ失くしてしまったんだ。
» a. That's too bad.    » b. I'm speechless!
Answer

**Q6** Sally said that you stole her money.
サリーが君が彼女のお金を盗んだと言っていたよ。
» a. I know what you mean.    » b. I'm speechless!
Answer

**Q7** Do you mind chopping up the carrots?
にんじんを切ってくれる？
» a. No sweat.    » b. For real?
Answer

---

Answer  **Q1** b  **Q2** b  **Q3** a  **Q4** b  **Q5** a  **Q6** b  **Q7** a
P71へ   P21へ   P64へ   P42へ   P35へ   P16へ   P67へ

# 📄 Check test 9

次の英語を言われたとき、
とっさに英語でどう返したら良いでしょうか?
aとbのうち最適と思われるほうを選んでみてください。

---

**Q1** Sally can't go on the trip because she has the flu.
サリーはインフルエンザにかかって、旅行に行けないんだ。
≫ a. So far, so good.　　≫ b. Poor thing.　　Answer

**Q2** How was your camping trip?
キャンプ旅行はどうだった?
≫ a. I swear.　　≫ b. Don't ask.　　Answer

**Q3** I got into Harvard!
ハーバード(大学)に合格したよ!
≫ a. Go ahead.　　≫ b. Is that true?　　Answer

**Q4** Are you going to be late?
遅れそう?
≫ a. I'm afraid so.　　≫ b. Hopefully.　　Answer

**Q5** I can't concentrate when it's too noisy.
うるさすぎると集中できません。
≫ a. I'm afraid so.　　≫ b. I know what you mean.　　Answer

**Q6** There was a big frog in the toilet!
トイレの中にでっかいカエルがいたの!
≫ a. That makes sense.　　≫ b. How disgusting!　　Answer

**Q7** Are you 180 centimeters tall?
君の身長は180センチですか?
≫ a. Not quite.　　≫ b. I'll see what I can do.　　Answer

---

**Answer**　**Q1** b (P57へ)　**Q2** b (P53へ)　**Q3** b (P22へ)　**Q4** a (P55へ)　**Q5** b (P34へ)　**Q6** b (P56へ)　**Q7** a (P83へ)

# 📄 Check test 10

次の英語を言われたとき、
とっさに英語でどう返したら良いでしょうか?
a と b のうち最適と思われるほうを選んでみてください。

---

**Q1** Do you mind if I leave a little early today?
　今日は少し早めに帰ってもいいですか？
≫ a. Hopefully.　　　　　≫ b. I guess.　　　　Answer

**Q2** I've never eaten sushi.
　寿司を食べたことがないんだ。
≫ a. For real?　　　　　≫ b. That's neat.　　　Answer

**Q3** We should plan something special for her birthday.
　彼女の誕生日に、何か特別なことを企画しようよ。
≫ a. Is that true?　　　≫ b. Sounds good to me.　Answer

**Q4** Is Sam still in the office?
　サムはまだオフィスにいる？
≫ a. Could be.　　　　　≫ b. Okay, sure.　　　Answer

**Q5** I finally found my socks.
　やっと靴下が見つかったよ。
≫ a. Oh, that's nice.　　≫ b. That's incredible!　Answer

**Q6** Have you finished reading that book?
　その本は読み終わったの？
≫ a. No, I'm okay.　　　≫ b. Not quite.　　　　Answer

**Q7** Does this radio still work?
　このラジオはまだ動くの？
≫ a. So far, so good.　　≫ b. Hopefully.　　　　Answer

---

Answer　**Q1** b　**Q2** a　**Q3** b　**Q4** a　**Q5** a　**Q6** b　**Q7** b
　　　　P87へ　P14へ　P65へ　P89へ　P32へ　P83へ　P93へ

# Check test 11

次の英語を言われたとき、
とっさに英語でどう返したら良いでしょうか?
a と b のうち最適と思われるほうを選んでみてください。

---

**Q1** I'm thinking about changing my job.
転職しようかと思っているんだ。
» a. Poor thing.   » b. I wouldn't.   Answer

**Q2** It'll be a bit cheaper to go by train.
電車を使ったほうが少し安いですよ。
» a. It's hard to say.   » b. Good point.   Answer

**Q3** How was your date last night?
昨晩のデートはどうだった?
» a. Not very good.   » b. Yeah, I know.   Answer

**Q4** My little brother has a black belt.
僕の弟は(空手の)黒帯です。
» a. You never know.   » b. That's incredible!   Answer

**Q5** Do you like to cook?
料理は好きですか?
» a. I'm afraid so.   » b. Actually, I don't.   Answer

**Q6** Could I borrow your phone?
君の電話を借りていいですか?
» a. You bet.   » b. I wouldn't.   Answer

**Q7** Close the curtains to shut out the light.
光が入らないようにカーテンを閉めて。
» a. Okay, sure.   » b. Sounds like a plan.   Answer

---

Answer  **Q1** b   **Q2** b   **Q3** a   **Q4** b   **Q5** b   **Q6** a   **Q7** a
P84へ   P47へ   P52へ   P17へ   P75へ   P70へ   P62へ

# Check test 12

次の英語を言われたとき、
とっさに英語でどう返したら良いでしょうか？
**a**と**b**のうち最適と思われるほうを選んでみてください。

---

**Q1** Don't you trust Sam?
　サムを信用してないの？
≫ **a.** Sounds good to me.　　≫ **b.** Not really.
Answer ☐

**Q2** I hope the museum lets us in for free.
　美術館が無料だったらいいのに。
≫ **a.** When pigs fly.　　≫ **b.** I'm glad to hear that.
Answer ☐

**Q3** I'm so sick of this.
　これには本当にうんざりだよ。
≫ **a.** I know what you mean.　　≫ **b.** Don't ask.
Answer ☐

**Q4** I'm so angry!
　本当に腹が立つ！
≫ **a.** Oh, that's nice.　　≫ **b.** What happened?
Answer ☐

**Q5** She looks like she's in her late 30s.
　彼女は30代後半に見えるね。
≫ **a.** Good point.　　≫ **b.** Maybe.
Answer ☐

**Q6** Sorry, we're full.
　申し訳ありませんが、満室です。
≫ **a.** What happened?　　≫ **b.** Just my luck.
Answer ☐

**Q7** I think Sam heard what we said.
　僕たちの話、サムに聞かれたんじゃないかな。
≫ **a.** I'm afraid not.　　≫ **b.** So what?
Answer ☐

---

**Answer**　**Q1** b (P74へ)　**Q2** a (P81へ)　**Q3** a (P34へ)　**Q4** b (P24へ)　**Q5** b (P86へ)　**Q6** b (P60へ)　**Q7** b (P28へ)

**memo** 気付いたことや覚えておきたいポイントを自由にまとめてメモしましょう。

CDブック
言えそうで言えない
**とっさの英語**
基本の即答フレーズ75

発行日　2015 年 2 月 3 日　第 1 刷

| | |
|---|---|
| 著者 | デイビッド・セイン |
| デザイン | 細山田光宣＋野村彩子（細山田デザイン事務所） |
| イラスト | フクイヒロシ |
| 編集協力 | 小林奈々子（A to Z）、泊久代 |
| 校正 | Richard Mort、中山祐子 |
| CD 制作 | 財団法人 英語教育協議会（ELEC） |
| 編集担当 | 舘瑞恵 |
| 営業担当 | 熊切絵理 |
| 営業 | 丸山敏生、増尾友裕、石井耕平、菊池えりか、伊藤玲奈、櫻井恵子、吉村寿美子、田邊曜子、矢橋寛子、矢部愛、大村かおり、髙垣真美、高垣知子、柏原由美、菊山清佳、大原桂子、蓑浦万紀子、寺内未来子、綱脇愛 |
| プロモーション | 山田美恵、浦野稚加 |
| 編集 | 柿内尚文、小林英史、黒川精一、杉浦博道、片山緑 |
| 編集総務 | 鵜飼美南子、髙山紗耶子、森川華山、高間裕子 |
| メディア開発 | 中原昌志 |
| 講演事業 | 齋藤和佳 |
| マネジメント | 坂下毅 |
| 発行人 | 高橋克佳 |

発行所　株式会社アスコム

〒 105-0002
東京都港区愛宕 1-1-11　虎ノ門八束ビル
編集部　TEL：03-5425-6627
営業部　TEL：03-5425-6626　FAX：03-5425-6770

印刷・製本　株式会社廣済堂

© A to Z Co., LTD　株式会社アスコム
Printed in Japan ISBN 978-4-7762-0856-3

本書は著作権上の保護を受けています。本書の一部あるいは全部について、
株式会社アスコムから文書による許諾を得ずに、いかなる方法によっても
無断で複写することは禁じられています。

落丁本、乱丁本は、お手数ですが小社営業部までお送りください。
送料小社負担によりお取り替えいたします。定価はカバーに表示しています。